高校数字化体育教学的
转型基础及应用研究

丁俊杰 著

中国财经出版传媒集团

经济科学出版社
Economic Science Press

·北京·

图书在版编目（CIP）数据

高校数字化体育教学的转型基础及应用研究／丁俊杰著. -- 北京：经济科学出版社，2024.8. -- ISBN 978 - 7 -5218 -6179 -2

Ⅰ. G807.4

中国国家版本馆 CIP 数据核字第 2024WJ8451 号

责任编辑：王红英
责任校对：刘　昕
责任印制：邱　天

高校数字化体育教学的转型基础及应用研究

丁俊杰　著

经济科学出版社出版、发行　新华书店经销
社址：北京市海淀区阜成路甲 28 号　邮编：100142
总编部电话：010 - 88191217　发行部电话：010 - 88191522
网址：www. esp. com. cn
电子邮箱：esp@ esp. com. cn
天猫网店：经济科学出版社旗舰店
网址：http：//jjkxcbs. tmall. com
固安华明印业有限公司印装
880 × 1230　32 开　8.5 印张　210000 字
2024 年 8 月第 1 版　2024 年 8 月第 1 次印刷
ISBN 978 - 7 -5218 -6179 -2　定价：50.00 元
（图书出现印装问题，本社负责调换。电话：010 -88191545）
（版权所有　侵权必究　打击盗版　举报热线：010 -88191661
QQ：2242791300　营销中心电话：010 -88191537
电子邮箱：dbts@ esp. com. cn）

前　言

在 21 世纪的今天，人类社会正以前所未有的速度迈向数字化时代。信息技术的迅猛发展，不仅深刻地改变了我们的生活方式、工作模式和思维方式，也对教育领域产生了深远的影响。高等教育作为知识传承与创新的重要阵地，其转型与发展成为了时代赋予我们的新课题。而体育教学作为高等教育不可或缺的一部分，同样面临着数字化时代的挑战与机遇。

《高校数字化体育教学的转型基础及应用研究》一书，正是在这样的背景下应运而生。本书旨在深入探讨数字化时代对高等学校体育教学的影响，分析体育教学在数字化浪潮中的转型需求与变革路径，以期为高等体育教学的创新发展提供理论支持与实践指导。

全书共分为八章，第一章从宏观视角出发，阐述了数字化时代的背景与影响，以及高等教育在这一时代背景下的发展趋势与转型需求，进而对高等学校体育教学进行审视，并提出在时代背景下的转型挑战。第二章则聚焦于数字化技术在高等教育中的实践与变革，通过概述数字化技术的基本概念、发展现状及其对教育模式的影响，为后续章节的深入讨论奠定基础。

第三章至第五章是本书的核心部分。第三章深入探讨了数字化时代体育教学模式的变革，提出了数字化体育教学的理论基础与构建策略，并特别关注了基于人工智能的混合式体育教学模式的创新实践。第四章则具体展示了虚拟现实、增强现实、运动技术分析及可穿戴技术等数字化技术在高等学校体育教学中的应用案例，生动展现了数字技术如何为体育教学带来革命性的变化。第五章则进一步探讨了数字化体育教学资源的开发与共享问题，强调了资源建设对于推动体育教学数字化进程的重要性。

第六章和第七章将研究视角转向体育教学评价的数字化与体育教师的数字素养。第六章分析了数字化体育教学评价的理论基础与应用实践，通过案例研究展示了数字化技术在提升教学评价精准度与效率方面的独特优势。第七章则聚焦于体育教师的数字素养问题，阐述了数字素养的概念与重要性，分析了当前体育教师数字素养的现状与挑战，并提出了针对性的提升策略。

第八章以未来展望作为全书的总结与升华，回顾了全书的主要内容与核心观点，展望了体育教学在数字化时代的未来趋势，并提出了持续探索与创新数字化体育教学的倡议。我们坚信，随着数字化技术的不断发展与普及，体育教学必将迎来更加广阔的发展空间与前景。同时，我们也呼吁广大教育工作者、研究者及政策制定者能够携手并进，共同探索与创新数字化体育教学的实践路径，为培养更多具有创新精神和实践能力的高素质人才贡献力量。

目　　录

第一章

数字化时代与高等教育转型

第一节
数字化时代的背景与影响

随着信息技术的迅猛发展，数字化时代已经全面到来。数字化技术不仅在社会的各个领域发挥着重要作用，更在教育领域掀起了前所未有的变革浪潮。本节将探讨数字化技术的演进历程、数字化对当代社会的深远影响，以及其对教育领域带来的冲击与机遇，为后续章节的内容奠定基础。

一、数字化技术的演进历程

数字化技术的演进历程展现了科技的不断创新和人类对信息处理方式的持续探索。从早期的计算机发展到如今的人工智能和大数据，数字化技术不断推动着社会进步和各行各业的革新。通过回顾数字化技术的发展历史，我们可以更好地理解当前数字化时代的背景及其对高等教育的影响。

（一）早期数字化技术的起源

计算机的诞生与早期发展。在 20 世纪 40 年代，计算机技术的雏形诞生，标志着信息处理进入了一个新时代。1946 年 2 月 14 日，世界上第一台通用电子计算机 ENIAC（Electronic Numerical Integrator And Computer，电子数字积分计算机）在宾夕法尼亚大学问世①。以 ENIAC 为代表的机器，利用电子技术进行高速数学运算和逻辑判断，为后续数字化技术的飞速发展奠定了坚实基础。早期计算机主要用于科学计算和军事目的，它们的体积庞大，价格昂贵，操作复杂，但这些计算机的出现标志着信息处理技术进入了一个新的时代，为后续的技术发展奠定了基础。

数字转换技术的初步应用。数字转换技术起源于 20 世纪 50 年代②，主要是将模拟信号转换为数字信号，以适应计算机的处理和存储需求。这一阶段，扫描仪等设备的出现使得纸质文档能够轻松转换为数字格式，其技术主要集中在图像和音频的数字化上，如扫描仪和数字化音频录音设备的出现，它们能够将纸质文档和模拟音频转换为数字格式。这些技术的初步应用，为后来数字化技术的广泛普及打下了基础。

（二）数字化技术的快速发展阶段

在此阶段，数字化技术经历了飞速的发展。计算机网络与通信技术的进步实现了计算机之间的数据交换和信息共享，促进了互联网的形成和发展，使得信息的传播和交流更加便捷。

计算机网络与通信技术的发展。随着计算机网络技术的崛起，

---

①② 电子科技博物馆. 计算机发展史简介［EB/OL］.（2016－06－27）［2023－03－30］. https：//www. museum. uestc. edu. cn/info/1184/2336. htm.

计算机之间实现了数据交换和信息共享。在 20 世纪 60 年代末开发的 ARPANET（Advanced Research Projects Agency Network，高级研究计划局的远程计算机网络）是世界上第一个分组交换网络①，也是互联网的前身。它为早期互联网的诞生奠定了基础，而 TCP/IP 等网络协议的制定和完善则进一步促进了计算机之间的通信效率和便捷性。这一阶段的发展极大地推动了数字化技术的普及和应用范围。

个人电脑的普及与软件的发展。20 世纪 80 年代，个人电脑开始走进千家万户，将数字化技术从专业领域引入到了普通家庭和办公室②。微软 Windows 操作系统的发布和图形用户界面的广泛应用，使得个人电脑更加易于操作和使用。同时，办公软件、图像处理软件以及游戏的丰富多样，也加速了个人电脑的普及和应用深度。

互联网的兴起与万维网的出现。1990 年代互联网的蓬勃发展标志着数字化技术迈入了新的纪元。互联网使得全球范围内的信息交流变得前所未有的便捷和快速，极大地促进了信息的传播和共享。而万维网的出现则进一步简化了互联网的使用方式，让人们能够通过浏览器轻松访问各种信息和资源③。

（三）当代数字化技术的前沿趋势

1. 云计算与大数据技术的应用

云计算技术的兴起使用户可以随时随地通过网络访问共享的计算资源和数据存储空间，为数据的集中管理和高效处理提供了可能。云计算的核心理念是资源共享和动态调配，用户无须购买昂贵

---

① 姚学斌. 计算机通信与网络发展技术探讨［J］. 信息通信，2012，（2）：182.
② 周坤. CCF 中国计算机历史记忆［EB/OL］.（2020－06－17）［2023－03－26］. https：//www. ccf. org. cn/Computing_history/Updates/2020－06－17/706461. shtml.
③ 中国科学院高能物理研究所. 万维网（WWW）诞生记（科学史）［EB/OL］.（2019－03－12）［2023－03－20］. https：//www. sohu. com/a/300685528_166433.

的硬件设备，只需根据实际需求支付相应的服务费用。这种模式不仅降低了企业的运营成本，还提高了资源利用效率。大数据技术则从海量数据中提取有价值的信息和洞察，为企业和研究机构提供了重要的决策支持。通过对大规模数据集的分析，企业可以了解市场趋势、客户偏好以及运营效率，从而制定更加科学和精准的战略。

2. 人工智能与机器学习的崛起

人工智能（Artificial Intelligence，AI）和机器学习（Machine Learning，ML）技术的快速发展正在深刻改变我们处理和分析数据的方式。[①] 这些技术在图像识别、自然语言处理以及预测分析等领域展现出强大的能力，极大地提高了工作效率和决策准确性。

AI 技术已经广泛应用于各个领域，如智能语音助手、自动驾驶汽车和推荐系统等。智能语音助手能够理解和响应用户的自然语言指令，提供信息查询、日程安排和娱乐等服务。自动驾驶汽车通过 AI 算法和传感器数据，实现了自动导航和驾驶，显著提高了行车安全和交通效率。推荐系统通过分析用户的行为数据，向其推荐个性化的产品和服务，大大提高了用户的满意度和购买率。机器学习技术通过从数据中自动学习和优化算法，显著提高了数据分析和预测的能力。

3. 物联网与智能家居的普及

物联网（Internet of Things，IoT）技术让各种设备能够相互连接并交换数据，从而实现了设备的智能化管理和控制。物联网通过传感器、通信技术和云平台，实现了设备之间的互联互通，形成了一个智能化的生态系统。

在智能家居领域，物联网技术的应用为用户提供了更加便捷、

---

① 张琳，贾敬敦，李享，等. 人工智能创新发展态势及建议 [J]. 中国科技资源导刊，2021，53（4）：47-53，89.

舒适和安全的生活环境。尤其智能家电能够通过移动应用程序远程控制和管理，极大地提高了生活的便利性。物联网技术的应用不仅限于家庭，还广泛应用于工业、农业、交通和医疗等领域。如工业物联网（Industrial Internet of Things，IIoT）、智慧农业、智慧交通、智慧医疗等。

4. 虚拟现实与增强现实技术的融合应用

虚拟现实（Virtual Reality，VR）和增强现实（Augmented Reality，AR）技术通过创造沉浸式体验，正在改变人们的娱乐、教育和工作方式。VR 技术为用户提供了全新的虚拟环境体验，而 AR 技术则将虚拟元素与现实世界相结合，为用户提供了更丰富的信息交互方式。

在教育领域，VR 和 AR 技术提供了创新的教学方式和学习体验。学生可以通过 VR 技术参观虚拟博物馆、进行虚拟实验和模拟实习，获得更直观和生动的学习体验。AR 技术可以在课本和教具上叠加三维模型和动画，帮助学生更好地理解和掌握复杂的概念和知识。

在工作领域，VR 和 AR 技术被广泛应用于培训、设计和协作等方面。企业通过 VR 技术进行员工培训，模拟真实工作场景，增强培训效果和安全性。设计师通过 AR 技术进行产品设计和展示，直观地展示设计效果和细节，提高设计效率和质量。团队通过 VR 和 AR 技术进行远程协作和会议，增强了沟通的效果和体验。

5. 区块链技术的创新应用

区块链技术作为一种去中心化的分布式账本技术，通过加密算法确保了数据的安全性和透明性。[①] 这一技术在金融交易、供应链

---

① 曾诗钦，霍如，黄韬，等. 区块链技术研究综述：原理、进展与应用 [J]. 通信学报，2020，41（1）：134 – 151.

管理以及智能合约等领域展现出了巨大的潜力，为数字化技术的发展注入了新的活力。

综上所述，数字化技术的前沿趋势展示了技术不断突破和应用场景不断扩展的发展态势。从早期计算机的诞生到互联网的兴起，再到当代前沿技术的应用，数字化技术已经渗透到我们生活的方方面面，并将继续引领未来的科技潮流。这些技术的发展不仅提高了生产力和生活质量，还推动了各行业的创新和变革，形成了一个全球互联的信息社会。

二、数字化对当代社会的深远影响

随着数字化技术的不断进步和普及，其影响已深刻渗透到社会的各个领域，推动了经济、社会生活和文化传播等方面的深刻变革。以下部分将详细探讨数字化在这些领域的具体影响。

（一）数字化对经济结构的重塑

数字化技术在经济领域的应用引发了一场前所未有的变革，推动了传统产业的升级和新兴产业的兴起。

1. 电子商务的迅猛发展

电子商务的兴起和迅猛发展是数字化技术在经济领域应用的典型代表。通过互联网平台，企业能够将产品和服务直接推向全球市场，极大地拓展销售渠道和市场范围。消费者可通过电商平台方便快捷地购买商品和服务，提升消费体验和效率。近年来，移动支付、社交电商和直播带货等新型电商模式的出现，进一步促进了电子商务的快速发展。特别是在疫情期间，电子商务展现强大的韧性和适应能力，成为保障民生、稳定经济的重要手段。

2. 智能制造的广泛应用

智能制造是数字化技术与制造业深度融合的产物。通过物联网、大数据、云计算和人工智能等技术的应用，制造业企业能够实现生产设备和生产过程的智能化管理和控制，提高生产效率和产品质量。数字化技术还促进了制造业的定制化生产和柔性制造，使企业能够快速响应市场需求变化，提高市场竞争力。例如，德国提出的"工业 4.0"战略，通过数字化技术推动制造业的智能化转型，极大地提升了制造业的国际竞争力[①]。

3. 金融科技的创新驱动

金融科技（FinTech）是数字化技术在金融领域的典型应用。通过区块链、人工智能和大数据分析等技术，金融机构能够提供更加便捷和个性化的金融服务，提高风控能力和运营效率[②]。例如，移动支付、数字货币和智能投顾等金融科技应用，极大地提升金融服务的普惠性和便捷性，推动金融行业的数字化转型。金融科技的应用不仅能提高金融服务的效率和安全性，还促进金融行业的创新和竞争，为经济发展提供强大的动力。

4. 共享经济的崛起

共享经济是数字化技术在经济领域应用的另一重要表现。通过互联网平台，资源和服务的共享变得更加便捷和高效，从而提升资源的利用率，降低交易成本[③]。共享经济模式包括共享出行（如Uber、滴滴）、共享住宿和共享办公等，这些模式极大地改变传统经济的运作方式，创造新的经济增长点。

---

① 王罗汉，王伟楠. 德国工业 4.0 十年发展回顾与对中国的启示 [J]. 全球科技经济瞭望，2021，36（12）：6-11.

② 廖高可，李庭辉. 人工智能在金融领域的应用研究进展 [J]. 经济学动态，2023（3）：141-158.

③ 汤天波，吴晓隽. 共享经济："互联网＋"下的颠覆性经济模式 [J]. 科学发展，2015（12）：78-84.

（二）社会生活的数字化变革

数字化技术的广泛应用，不仅改变经济领域的运行模式，也深刻影响人们的日常生活方式，推动社会生活的数字化变革。

1. 智能家居的普及

智能家居是数字化技术在家庭生活中的重要应用。通过物联网技术，各类家电设备和家庭设施可以实现互联互通和智能控制，提升家庭生活的便利性和舒适度。例如，智能灯光、智能温控和智能安防系统等应用，使家庭生活更加智能化和人性化。智能音箱、智能冰箱等设备的普及，也让人们的生活变得更加便捷和高效。

2. 移动支付的便利

移动支付技术的发展，使得现金支付和刷卡支付逐渐被手机支付所取代。通过二维码支付、NFC 支付等技术，人们可以随时随地进行快捷、安全的支付操作。这不仅提高了消费支付的便捷性，也促进无现金社会的建设，提升社会整体的支付效率。移动支付的普及，也带动电子商务和共享经济的发展，改变人们的消费和生活方式。特别是在中国，移动支付的普及率和应用深度居于世界前列，极大地便利了人们的日常生活。

3. 社交媒体的兴起

社交媒体的普及改变人们的社交方式和信息获取方式。通过社交媒体平台，人们可以随时随地与亲友保持联系，分享生活点滴，获取最新资讯。社交媒体还成为重要的营销和传播渠道，企业和品牌可以通过社交媒体进行精准营销和品牌推广，提升市场影响力。社交媒体的互动性和即时性，也使其成为公共舆论和社会动员的重要平台，深刻影响社会生活的方方面面。例如，微博、小红书、抖音、微信和 Facebook 等社交媒体平台，已成为信息传播和社会互动的重要工具。

4. 在线服务的多样化

数字化技术的发展催生了各类在线服务，包括在线医疗、在线教育、在线娱乐和在线购物等。这些服务能提高人们的生活便利性和服务可及性。例如，在线医疗服务使患者可以通过互联网平台进行远程问诊和健康咨询，方便医疗服务的获取；在线教育平台提供丰富的学习资源和课程，使学习变得更加灵活和个性化。

（三）数字化对文化传播的推动作用

数字化技术不仅能推动经济和社会生活的变革，也为文化传播带来新的动力和形式，丰富文化传播的内容和渠道。

1. 数字出版的兴起

数字出版是文化传播数字化的重要形式。通过电子书、在线期刊和数字报纸等数字出版物，读者可以方便快捷地获取各种文化和信息资源。[①] 数字出版不仅打破了传统出版的时间和空间限制，也为文化内容的传播提供了更加丰富的形式和渠道。自媒体和内容创作平台的发展，也让更多人有机会参与文化内容的创作和传播，丰富文化的多样性和活力。例如，国内的当当网电子书平台、微信读书平台与掌阅的 iReader 平台，国外的亚马逊 Kindle 平台和苹果 iBooks 平台推动了数字出版的发展。

2. 网络视频的普及

网络视频的普及使得影视作品和视频内容的传播更加便捷和广泛。通过在线视频平台，用户可以随时随地观看各类影视剧、综艺节目和短视频，丰富文化娱乐生活。网络视频平台为创作者提供展示才华和实现创意的舞台，促进文化创意产业的发展。短视频和直

---

① 于成. 整合式平台与专业性平台：学术数字出版平台的两种模式［J］. 科技与出版，2020（11）：64－70.

播平台的兴起，更是带动全民创作和传播的热潮，改变文化内容的生产和消费方式。如 YouTube、抖音（TikTok）等平台，成为全球用户的重要娱乐和信息获取渠道。

3. 虚拟现实和增强现实的应用

虚拟现实（VR）和增强现实（AR）技术的应用，为文化传播带来新的体验和可能。通过 VR 和 AR 技术，用户可沉浸式地体验各种虚拟场景和文化内容，提升文化传播的互动性和沉浸感。例如，虚拟博物馆、虚拟展览和虚拟旅游等应用，使文化资源的展示和传播更加生动和多样化。通过 VR 和 AR 技术，用户可以身临其境地体验历史文化遗迹、艺术作品和旅游景点，增加文化传播的吸引力和影响力。

4. 数字音乐和在线流媒体

数字音乐和在线流媒体平台的发展，使得音乐的传播和获取变得更加便捷和多样化。用户可以通过平台随时随地访问海量的音乐资源，享受高品质的音乐体验。如国内的网易云音乐、QQ音乐等平台，国外的 Spotify、Apple Music 等流媒体平台，不仅提供丰富的音乐资源，还通过算法推荐个性化的音乐内容，提升用户的音乐体验。此外，在线音乐平台为独立音乐人提供展示和传播的舞台，促进音乐创作的多样性和繁荣。

三、数字化对教育领域的冲击与机遇

（一）国际组织对数字化教育的政策支持

国际组织在推动全球教育数字化方面扮演着至关重要的角色。它们通过制定倡议、资金支持、技术援助和知识共享，促进了全球范围内教育政策的数字化转型。

1. 联合国教科文组织的教育数字化项目

联合国教科文组织（UNESCO）作为全球教育、科学及文化事务的专门机构，一直积极推动教育领域的数字化转型。其教育数字化项目旨在通过信息通信技术（ICT）的广泛应用，提升全球教育系统的质量和可及性。[①] UNESCO 提出"2030 年全球教育议程"，旨在通过 17 项可持续发展目标在 2030 年前消除贫穷的全球运动的一部分。教育既是实现各项可持续发展目标的关键，同时自身也是单独一项目标（可持续发展目标 4），即"确保包容和公平的优质教育，让全民终身享有学习机会"。《2030 年教育行动框架》为落实这一宏伟目标及各项承诺提供了指导方针[②]。其中明确指出，信息技术是实现教育公平和提升教育质量的重要工具。

在具体项目方面，UNESCO 实施了"全球教育联盟"（Global Education Coalition）项目，旨在通过技术支持和资源共享，帮助各国应对教育领域的挑战，特别是在疫情期间，支持远程教育和在线学习。其汇集了政府、民间组织、科技公司等多方力量，提供技术平台、数字教材和在线培训，确保学生在危机期间能够继续接受教育。

此外，UNESCO 还通过"开放教育资源倡议"（OER Initiative），推动全球教育资源的数字化和开放共享，鼓励各国开发和使用开放教育资源，降低教育成本，提升教育资源的可获得性和多样性，从而支持终身学习和教育公平。这些项目和倡议表明了 UNESCO 在利用数字技术推动全球教育现代化和普及化方面的持续努力和成就。

---

① 祝智庭，胡姣. 教育数字化转型的理论框架 [J]. 中国教育学刊，2022（4）：41-49.

② 苗逢春，Wayne Holmes、黄荣怀、张慧. AI and education：guidance for policymakers [M]. 法国：联合国教育、科学及文化组织，2021：1.

2. 欧盟的数字教育行动计划

欧盟在推动教育数字化方面采取了积极的行动，其"数字教育行动计划"（Digital Education Action Plan）① 是欧盟成员国教育数字化转型的指导性文件。该计划旨在加强欧洲教育系统的数字化能力，确保所有公民具备必要的数字技能以应对未来的工作和生活挑战。

数字教育行动计划包含多项关键举措，如推动基础教育和高等教育机构加强数字基础设施建设，提升教师的数字素养，开发和推广数字化教学资源。具体而言，欧盟提出了"数字化教育中心"的设立，作为成员国间分享最佳实践和合作创新的枢纽。此外，欧盟还重点支持"电子学习平台"和"电子学校"项目的实施，促进在线学习工具的广泛应用和教育资源的跨国共享。

为了实现这些目标，欧盟还设立了专项基金，支持各国实施数字教育改革项目，推动学校和大学的数字化转型，强调通过"电子技能提升计划"，提升全社会的数字技能水平，以应对快速变化的数字经济环境。这一行动计划不仅推动了欧盟内部教育系统的现代化，还为成员国之间的教育合作提供了强有力的支持，促进了欧洲教育一体化进程。

通过一系列教育数字化倡议和项目，国际组织积极推动全球教育体系的现代化转型。UNESCO 和欧盟的积极行动，显示了全球协作在应对教育挑战、提升教育质量和促进教育公平方面的巨大潜力和重要性。通过这些战略和举措，国际组织在推动全球教育系统的数字化和现代化方面发挥了至关重要的作用。

（二）各国政府对数字化教育的推动

在全球数字化发展的背景下，各国纷纷制定并实施了适应本国

---

① 王文礼，吴伟伟. 面向数字时代重置教育和培训——欧盟《数字教育行动计划（2021－2027）》的要点和启示［J］. 中国教育信息化，2022，28（4）：24－33.

国情的数字教育政策，旨在提升教育质量，扩大教育资源的可及性、促进教育公平与创新。这些政策通过不同的策略和举措，推动了各国教育体系的现代化转型。

1. 美国的教育技术政策

美国的教育技术政策强调通过创新技术提升教育质量和效率。美国教育部的"国家教育技术计划"（National Education Technology Plan，NETP）是指导全国教育技术发展的核心文件，自 1996 年颁布以来，定期更新以反映教育技术的最新进展。2024 年的版本（NETP2024）[①] 着重于通过技术实现 K‐12 学习的变革性体验，并强调了弥合数字使用、设计和访问方面鸿沟的重要性。该计划提出通过技术支持个性化学习、促进教育公平、提高教学效果和学生参与度的目标。NETP 鼓励教育机构广泛采用先进技术，如人工智能、虚拟现实和增强现实，以增强学生的学习体验和教师的教学能力。《美国竞争再授权法案》（American Competes Act）强调了科学、技术、工程和数学（STEM）教育的重要性，并支持了教育技术的创新[②]。此外，美国教育部提供的"教育技术设备补助金"（Education Technology Device Grants）旨在帮助学校获取最新的教育技术设备，以促进学生学习体验的个性化和现代化。美国的数字教育政策特别注重于提升学生的技术素养，以及通过技术实现教育的可及性和灵活性。

2. 英国的数字教育战略

英国在教育数字化方面也采取了系统性的战略措施，其《教育

---

① US DEPARTMENT OF EDUCATION. 2024 National Educational Technology Plan [EB/OL]. （2024‐01）[2024‐01]. https：//tech. ed. gov/files/2024/01/NETP24. pdf.

② 上官剑，李天露. 美国 STEM 教育政策文本述评 [J]. 高等教育研究学报，2015，38（2）：64‐72.

技术战略：释放技术在教育中的潜力》①（EdTech Strategy）是推动教育数字化转型的重要政策文件。该战略明确了利用技术提高教育质量、促进教育创新和增强学生数字技能的目标。英国政府通过这一战略，推动学校和大学加强数字基础设施建设，推广在线学习和数字教学资源的应用。

"EdTech Strategy"包括多个重点项目，如"全国数字课堂"计划，旨在推广在线教学平台和虚拟学习环境，提高教育资源的可及性和多样性。英国还设立了"教育技术测试台"（EdTech Test-bed），为学校和教育技术公司提供合作平台，测试和评估新的教育技术工具和解决方案。这一战略不仅提升了英国教育系统的数字化水平，还推动了教育技术产业的发展和创新。

3. 亚洲国家的教育信息化进程

亚洲国家在推动教育信息化方面发展迅速，各国根据自身发展需求和技术优势，制定了具有特色的数字教育政策。

中国在教育数字化方面的努力尤为突出。通过实施"教育信息化2.0行动计划"②，中国加快数字校园和智慧教育的建设，推动信息技术在教育教学、管理和服务中的深度应用。该计划强调构建"互联网＋教育"大平台，推广智能教育促进计划，全面提升教育信息化水平，支持教育现代化和创新发展。

通过"教育信息化推进战略"，日本加强ICT在教育中的应用③，提升学生的数字素养和创新能力。该战略推动了智慧课堂、在线学习平台和教育机器人等技术的广泛应用，促进了教育模式的

① 王敏. 英国《教育技术战略：释放技术在教育中的潜力》探析［J］. 世界教育信息，2019，32（17）：21－27.
② 教育部. 教育信息化2.0行动计划［EB/OL］.（2018－04－18）［2023－02－25］. http：//www. moe. gov. cn/srcsite/A16/s3342/201804/t20180425_334188. html.
③ 杨启林，董丽丽. 日本《学校教育信息化推进计划》探析［J］. 世界教育信息，2023，36（5）：29－35.

创新。

韩国的"智慧教育"项目①则是其教育数字化的重要组成部分，旨在利用信息技术提升教育质量和学生的创新能力。韩国政府通过建设智慧校园、开发智能学习系统和推广在线教育，全面提升了教育系统的数字化水平。该项目强调通过技术与教育的深度融合，实现教学过程的个性化和高效化，显著提高了教育质量和学生的学习效果。

综上所述，各国通过实施多样化的数字教育政策，有力地推动本国教育系统的现代化转型。这些政策能提升教育的质量和公平性，促进教育模式的创新，为全球教育数字化的发展提供了丰富的经验和实践范例。

（三）数字化教育的全球发展趋势

1. 在线教育的兴起

近年来，随着网络技术、视频压缩技术和云技术的持续进步，在线教育已迅速从教育领域的边缘发展成为主流。全球范围内的在线教育用户数量急剧增长，覆盖了从基础教育到职业培训等各个阶段。这种发展态势明确显示了在线教育的重要性和影响力。学生现在能够利用互联网，随时随地接入世界级的优质教育资源，彻底打破了传统教育在时间和空间上的束缚。这种灵活性不仅使学习变得更加便捷，还大大提高了教育的可及性和效率。

2. 个性化学习的实现

数字化教育通过引入大数据分析和人工智能等尖端技术，正在重塑学生的学习体验。这些技术使得教育者能够精确地追踪和分析

---

① 罗毅，董丽丽．教育与研究的智能化转型——韩国《2022 年教育信息化实施计划》探析［J］．世界教育信息，2022，35（6）：52 – 59.

每个学生的学习进度、强项和弱点，进而为他们量身打造个性化的学习计划。智能推荐系统和学习分析技术的结合，不仅让学生能够在海量的学习资源中迅速找到最适合自己的内容，还帮助教师更深入地了解学生的需求，从而进行更有针对性的指导。这种个性化的学习体验无疑提升了学生的学习效果和满意度。

3. 虚拟现实与增强现实技术的教育应用

虚拟现实与增强现实技术的迅猛发展，为教育领域注入了前所未有的活力。通过这些技术，学生可以沉浸在逼真的虚拟环境中，进行实践性的学习。例如，通过 VR 技术，学生可以进入虚拟的实验室，进行无风险的化学实验或物理实验；而 AR 技术则能将数字信息叠加到现实世界中，让学生在互动中学习新知识。这些技术不仅极大地提高了学习的趣味性和参与度，还有效地促进了学生对知识的深度理解和应用。

4. 混合式教学模式的普及

混合式学习模式正逐渐普及，它巧妙地融合了线上线下教学的优势，为学生带来了灵活且多样化的学习体验。在这种模式下，学生既能在课堂上与教师进行面对面的互动学习，又能在课外随时随地通过在线平台进行自主学习和复习。这不仅让课堂更具互动性，还极大提升了学生的自主学习能力，使他们能够根据自己的时间安排和学习需求，灵活选择学习时间和地点，并利用丰富多样的教学资源进行个性化学习，从而有效地提高了教学效果和学习积极性。

5. 国际合作与交流的不断增加

数字化教育还极大地促进了全球教育领域的合作与交流。现在，学生和教育者可以通过在线平台，轻松地与世界各地的人分享经验、交流想法。这种跨国界的学习交流不仅有助于学生开阔视野、培养国际思维，还推动了教育资源的全球共享和优化配置。更重要的是，通过在线协作和项目式学习，学生能够更好地培养团队合作精神和跨文化沟通能力,为未来的全球化职场做好充分准备。

综上所述,数字化技术正在教育领域引发一场深刻的变革。从在线教育的兴起到个性化学习体验的提升,再到 VR/AR 技术的创新应用以及国际合作的加强,这些趋势都展示了数字化教育的巨大潜力和广阔前景。随着技术的不断进步和教育理念的持续更新,我们有理由相信,数字化教育将继续推动全球教育的发展和创新。

第二节
高等教育的发展趋势与转型需求

一、全球化背景下的高等教育演变

随着全球化进程的加速,高等教育领域也呈现出越来越明显的全球化趋势。这种趋势不仅能推动教育资源的共享和交流,也促进了不同文化之间的理解和合作。以下部分将详细探讨国际交流与合作的加强、跨国教育项目的兴起以及全球教育资源的流动。

(一) 国际高等教育的交流与合作趋势

全球化背景下,高等教育机构之间的国际交流与合作显著增强。这种交流与合作主要体现在以下几个方面。

1. 学生和教师的国际流动

学生和教师的国际流动是高等教育国际交流的重要组成部分。通过交换生项目、联合培养项目和短期学术交流,学生和教师可以跨越国界,了解不同国家和文化的教育体系和学术氛围。这不仅拓宽了师生的视野,也提升了学术和专业素养。例如,我国的"国家留学基金管理委员会"资助了大量学生和教师赴国外交流学习;美国的"富布赖特计划"① 也为全球学者提供了广泛的交流机会。

2. 国际学术会议和合作研究

国际学术会议和合作研究是高等教育国际合作的重要形式。通过参与国际学术会议，学者们可以分享最新的研究成果，交流学术思想，促进学术进步。国际合作研究项目则推动跨国界的科研合作，整合全球的科研资源和智力。例如，欧洲的"地平线2020"②（Horizon 2020）项目支持大量跨国科研合作；我国的"中欧联合科研资助项目"也促进了中欧之间的科研合作。

3. 双学位和联合学位项目

双学位和联合学位项目是高等教育国际化的重要体现。通过这些项目，学生可以在两个或多个国家的高等教育机构学习，获得多个国家的学位。这不仅提高了学生的国际竞争力，也促进了不同教育体系之间的互认和融合。例如，清华大学与麻省理工学院合作开设了联合学位项目③，培养具有国际视野和跨文化交流能力的高素质人才。

（二）跨国教育项目的发展

跨国教育项目的兴起是高等教育全球化的另一重要表现。这些项目包括海外分校、跨国办学和在线教育等多种形式。

1. 海外分校的设立

许多知名大学在国外设立分校，通过复制母校的教育模式和管理经验，提供高质量的教育服务。例如，纽约大学在阿布扎比设立

---

① 王靖雯. 2022年富布莱特美国学者访问项目启动［EB/OL］.（2022-02-28）［2023-03-20］. https://untec.shnu.edu.cn/9b/96/c26039a760726/page.htm.

② 张丽娟. "地平线欧洲"2021—2024年战略计划［J］. 科技中国，2021（7）：97-99.

③ 清华大学全球创新学院. 清华大学与麻省理工学院签署微硕士协议［EB/OL］.（2018-11-13）［2023-03-25］. https://gix.tsinghua.edu.cn/info/1043/1052.htm.

分校，成为其全球教育网络的一部分；杜克大学在中国昆山设立了分校，提供与本部一致的课程和学位。

2. 跨国办学的合作

跨国办学是指两个或多个国家的教育机构合作办学，共享教育资源和教学经验。这种合作不仅能提升教育质量，也能促进不同国家教育体系之间的融合。例如，上海交通大学与法国巴黎高等电力学院合作办学，开设了电力工程双学位项目；英国的诺丁汉大学在中国宁波设立了分校，与中国教育机构共同培养国际化人才。

3. 在线教育的国际化

在线教育的快速发展为高等教育全球化提供了新的途径。通过在线课程和远程教育平台，学生可以跨越国界，接受来自世界各地的优质教育资源。例如，可汗学院（Coursera）、开放课程联盟（edX）等全球知名的在线教育平台，汇集世界顶尖大学的课程，学生可以通过这些平台学习到最新的知识和技能；中国的学堂在线、国家智慧教育平台提供大量优质课程，促进全球教育资源的共享。

（三）全球教育资源的流动

全球教育资源的流动是高等教育全球化的重要特征。这种流动不仅体现在教育人员和学生的国际流动上，也体现在教育资源和教育模式的国际传播上。

1. 教育资源的国际传播

教育资源的国际传播不仅包括教材和教学资料的传播，也包括教学方法和教育理念的传播。例如，欧美发达国家的先进教育理念和教学方法通过各种途径传入发展中国家，促进了当地教育质量的提升。中国的优秀教育资源也通过"一带一路"倡议，推广到沿线国家，促进了教育合作和文化交流。

2. 教育模式的国际借鉴

不同国家的教育模式在全球范围内相互借鉴和融合，形成多样化的教育体系。例如，德国的"双元制"职业教育模式①，即理论与实践相结合的教育，旨在提升职业教育的实效性，在国际上深受欢迎，并被许多国家借鉴；美国的"通识教育"理念②在全球范围内得到推广，促进学生的全面发展和综合素质提升。

二、当前高等教育所面临的多元挑战

（一）学生能力培养与价值观塑造的需求

在 21 世纪的知识经济时代，高等教育肩负着培养学生全面发展、塑造其核心价值观的重要任务。随着全球化和信息化的不断推进，社会对人才的要求也日趋多元化和全面化。因此，高等教育必须注重学生多方面能力的培养，包括批判性思维、创新能力、解决问题的能力以及跨文化交流的能力等。

同时，价值观的塑造也同等重要。高等教育应致力于引导学生形成正确的世界观、人生观和价值观，培养他们的社会责任感和公民意识。这要求高等教育不仅关注学生的知识积累，更要注重其人格完善和精神世界的建构。

为了实现这些目标，高等教育需要不断创新教育理念和方法，将能力培养和价值观塑造融入日常教学之中，从而培养出既具备专

---

① 新华网．综述：德国"双元制"职业教育让学习和实践紧密结合［EB/OL］．（2021－04－23）［2023－03－25］．http：//www. xinhuanet. com/world/2021－04/23/c_1127365362. htm.

② 光明日报．在现实中不断碰撞的通识教育——美国通识教育的发展与挑战［EB/OL］．（2022－10－27）［2023－03－26］．https：//news. gmw. cn/2022－10/27/content_36116800. htm.

业技能又拥有良好道德品质的优秀人才。

（二）技术变革对教学模式的影响

随着信息技术的飞速发展，特别是人工智能、大数据、云计算等技术的广泛应用，高等教育的教学模式正面临着前所未有的变革。传统的以教师为中心、以课堂讲授为主的教学模式已经难以适应新时代学生的学习需求和习惯。

技术变革为高等教育带来了新的教学手段和工具，如在线教育平台、虚拟现实技术等，这些新技术使得教学更加生动、形象，提高了学生的学习兴趣和效果。然而，如何将这些新技术有效地融入高等教育中，发挥其最大效用，是当前面临的一大挑战。

此外，技术变革还推动了教育资源的共享和开放，使得学生可以更加便捷地获取各种学习资源和信息。这要求高等教育必须更加注重学生的自主学习能力和信息素养的培养，以适应新时代的学习方式和要求。

（三）教育资源与评价机制的不足

尽管近年来高等教育资源得到了不断的丰富和拓展，但仍然存在着一些问题和挑战。首先，教育资源的分布并不均衡，一些地区或高校的教育资源相对匮乏，难以满足学生的学习和发展需求。其次，教育资源的更新速度较慢，难以跟上科技和社会发展的步伐。

在评价机制方面，当前的高等教育评价体系仍存在一定的局限性。一方面，过分强调学术成绩和升学率的评价方式忽视了学生的全面发展，不利于激发学生的创新精神和实践能力；另一方面，现有的评价体系缺乏对学生综合素质和能力的全面考量，难以真实反映学生的实际水平和潜力。

为了解决这些问题，高等教育需要不断优化教育资源配置，加强区域合作和资源共享，提高教育资源的利用效率和更新速度。同时，还需要改革现有的教育评价体系，建立更加科学、全面、客观的评价标准和方法，以更好地促进学生的全面发展和提高教育质量。

（四）就业市场的快速变化

在当今经济全球化和产业结构调整的大背景下，就业市场对人才的需求也在不断变化。高等教育需要密切关注市场动态和行业需求，及时调整专业设置和课程体系，以培养出符合社会需求的高素质人才。

同时，随着新兴产业的不断涌现和传统产业的转型升级，就业市场对人才的技能要求也越来越高。这要求高等教育必须加强学生实践能力和职业技能的培养，提高他们的就业竞争力和适应能力。此外，高等教育还需要加强学生职业生涯规划的指导和服务工作，帮助学生更好地了解自我、规划未来并顺利融入社会。

三、高等教育改革的必要性

高等教育在全球化和数字化时代面临诸多挑战，改革已成为不可避免的趋势，以下是高等教育改革的必要性分析。

（一）提升教育质量与促进学生全面发展

教育质量是高等教育的核心，其直接关系到国家的发展和社会的进步。当前，高等教育在教育质量和学生全面发展方面面临诸多挑战，亟须通过改革来提升。

1. 适应现代教育需求

随着社会经济的发展和科技的进步，现代教育的需求发生了显著变化。传统的教育模式已无法满足学生多样化、个性化的学习需求。高等教育需要通过改革，采用先进的教育理念和教学方法，提高教育质量，促进学生的全面发展。① 改革措施可以包括引入灵活的课程体系，增加选修课和跨学科课程，推动以学生为中心的教学方法。

2. 加强学术研究与实践结合

当前，许多高等教育机构存在学术研究与实践脱节的问题。通过教育改革，能够更好地将理论与实践相结合，培养学生的创新能力和实践能力，为社会培养高素质的应用型人才。可以通过建立校企合作项目、提供实习机会和创建创业孵化器等方式，加强学生的实践经验。

3. 注重学生素质教育

素质教育是全面发展的核心。高等教育应通过改革，注重学生的思想道德、科学文化、身体心理等素质的全面发展，培养学生的社会责任感和综合素质，使其能够适应未来社会的挑战和需求。具体措施包括加强德育课程，开设心理健康课程，组织社会实践活动和志愿者服务。

（二）创新教育模式以适应技术发展

科技的发展为教育带来了前所未有的变革机会。高等教育需要积极拥抱技术进步，创新教育模式，以适应技术发展带来的新需求。

1. 数字化教学

数字化技术的应用已经渗透到教育的各个方面。高等教育需要

---

① 肖笑飞．周远清高等教育改革理念及其实践研究［M］．北京：清华大学出版社，2023.1.

通过改革，充分利用大数据、人工智能、虚拟现实等先进技术，推动教学方式的创新。例如，通过在线教育平台和混合式学习模式，实现个性化教学，提升教学效果和学习体验。可以利用大数据分析学生的学习行为，提供个性化的学习路径和资源推荐。

2. 跨学科教学与研究

科技的发展促使知识的交叉与融合成为必然趋势。高等教育需要打破传统学科界限，促进跨学科的教学与研究，培养具有跨学科思维和创新能力的复合型人才。可以通过建立跨学科研究中心，鼓励跨学科项目合作和跨学科课程设置，促进学科间的互动与融合。

3. 开放教育资源

互联网和数字技术的发展，使得优质教育资源可以在全球范围内共享。高等教育应通过改革，建立开放教育资源平台，推动教育资源的共享与普及，提高教育质量和公平性。可以通过开设慕课（MOOC）、开放教育资源库和在线图书馆等方式，实现资源共享。

（三）推进教育公平与资源共享

教育公平是社会公平的基石，也是高等教育改革的关键目标之一。推进教育公平与资源共享，需要在多个方面进行努力。

1. 缩小教育差距

不同地区和学校之间的教育资源存在明显差距，影响了教育公平性。高等教育改革应致力于缩小这种差距，通过政策支持和资源倾斜，提升欠发达地区和学校的教育水平。具体措施包括政府加大对欠发达地区教育的财政投入，鼓励优质高校与欠发达地区高校结对帮扶。

2. 普及优质教育资源

通过建立数字化教育资源平台，促进优质教育资源的普及，使更多的学生能够享受到高质量的教育。开放课程、在线教育和虚拟课堂等形式，可以打破地域限制，推动教育资源的共享与流动。可以通过设立国家级和省级教育资源平台，汇集优质课程、教材和教学案例，实现资源共享。

3. 完善教育评价机制

现行的教育评价机制存在一定的局限性，无法全面反映学生的实际能力和素质。高等教育改革应完善评价机制，采用多元化、科学化的评价标准，促进教育公平，激发学生的学习积极性和创新潜能。可以通过引入过程性评价、项目评价和综合素质评价等多元评价方式，提高评价的全面性和科学性。

综上所述，高等教育改革的必要性体现在提升教育质量与促进学生全面发展、创新教育模式以适应技术发展、推进教育公平与资源共享等方面。通过全面深化改革，高等教育能够更好地应对新时代的挑战，实现高质量发展，为社会培养更多优秀人才。

第三节

高等学校体育教学的审视与转型需求

一、当前体育教学的全方位审视

随着社会的快速发展和教育观念的不断更新，高等学校的体育教学面临着前所未有的挑战和机遇。当前的体育教学模式需要进行全面的审视，以发现其优势和不足，了解学生的体质健康状况，评估体育教师的教学能力和素养，从而为未来的改革和创新提供依据。

（一）传统体育教学模式的优势与不足

在现代教育体系中，传统体育教学模式依然占据重要地位。审视其优势和不足，有助于我们更好地理解其作用和改进方向。

1. 传统体育教学模式的优势

（1）基础性与普及性。传统体育教学模式通过设定标准化的课程和统一的教学内容，使学生能够掌握基本的运动技能和知识。这种模式在培养学生的基本运动能力和锻炼身体素质方面具有重要作用。标准化课程确保了所有学生都能接受基础体育教育，掌握基本的运动技能和健康知识，为他们的全面发展奠定了基础。

（2）规则性与规范性。传统体育教学模式具有严格的规则和规范，有助于培养学生的纪律性和团队合作精神。体育比赛中的规则意识和公平竞争的理念，对于学生的品德教育也具有积极影响。体育教学中的规则和纪律有助于学生形成良好的行为习惯和团队合作意识，这不仅在体育活动中受益，对他们未来的学习和生活也具有深远的影响。

（3）历史积淀与文化传承。传统体育教学模式基于长期的实践和经验积累，形成了一套相对成熟的教学方法和体系，这些方法和体系对于体育文化的传承和发展具有重要意义。传统体育教学承载了丰富的文化内涵，通过传授经典运动项目和传统体育精神，使学生在参与体育活动的过程中，感受并传承体育文化。

2. 传统体育教学模式的不足

单一化与缺乏个性化。传统体育教学模式往往采用"一刀切"的教学方式，忽视了学生个体间的差异，无法满足学生多样化的体育学习需求。不同体质、兴趣和运动能力的学生在这种模式下难以得到充分的发展。统一的教学方法难以顾及每个学生的实际需求和兴趣，导致部分学生在体育课上缺乏积极性，甚至产生厌学情绪。

重结果轻过程。传统体育教学模式过于注重学生在体育测试和比赛中的成绩，而忽视了日常训练和锻炼过程中的体验和收获。这种重结果轻过程的倾向，不利于学生长期运动习惯的养成。强调成绩的教育模式容易让学生产生应试心理，而忽略了体育锻炼的乐趣和健康生活方式的培养。

缺乏现代技术支持。传统体育教学模式在教学方法和手段上相对陈旧，缺乏对现代科技手段的应用。随着数字化时代的到来，这种模式显得愈发滞后，难以充分调动学生的积极性和参与度。信息技术的飞速发展对教育提出了新的要求，传统体育教学若不及时更新和调整，将难以适应时代的发展和学生的需求。

（二）学生体质健康状况的现状与挑战

现代学生的体质健康状况直接关系到他们的学习效果和全面发展。深入分析其现状与挑战，有助于我们制定有效的干预措施。

1. 学生体质健康状况的现状

体质下降。近年来，学生的体质健康水平整体呈下降趋势。许多学生存在体能不足、肥胖、体力下降等问题。长期缺乏体育锻炼使得学生的耐力、力量、灵活性等基本体能素质明显减弱。体质下降的主要原因在于学生缺乏系统的体育锻炼计划和科学的运动指导，这使得他们的身体素质难以得到有效提升。

运动参与度低。学生在日常生活中普遍缺乏足够的运动量。课业繁重和缺乏运动场地等因素导致学生参与体育活动的时间有限。许多学生甚至在体育课之外几乎不进行任何形式的锻炼，运动参与度较低。课业压力和运动设施不足直接限制了学生参与体育活动的机会，学校需要在这方面做出更多努力，提供更多锻炼机会。

不健康的生活方式。久坐不动和不健康的饮食习惯对学生的体质健康造成了负面影响。随着电子设备的普及，学生花费大量时间在电脑、手机等屏幕前，导致久坐行为增多。这种缺乏运动的生活方式进一步加剧了学生体质下降的问题。现代生活方式对学生的健康提出了严峻挑战，学校和家庭应共同努力，帮助学生养成健康的生活习惯。

2. 学生体质健康状况的挑战

提高体质健康水平。如何通过体育教学有效提高学生的体质健康水平，是当前体育教育面临的重要挑战。需要针对不同学生的体质情况，制定科学合理的运动计划，促进学生身体素质的全面提升。个性化的体育教学计划能够有效提升学生的体质健康水平，但需要投入大量的教学资源和专业指导。

激发运动兴趣。提高学生对体育运动的兴趣和参与度，培养他们的运动习惯和健康生活方式，是体育教学需要解决的另一个关键问题。需要通过多样化、趣味性的体育课程和活动，激发学生的运动热情。兴趣是最好的老师，通过趣味性强、互动性高的体育活动，可以大大提升学生参与运动的积极性。

改变不健康的生活方式。体育教学应帮助学生养成良好的生活习惯，包括增加运动时间、改善饮食习惯、减少久坐时间等。学校和家庭应共同努力，提供良好的环境和条件，鼓励学生积极参与体育锻炼。通过全面的健康教育和行为引导，学生可以逐渐养成健康的生活习惯，这对于他们的长期发展至关重要。

（三）体育教师的教学能力与素养

体育教师的教学能力和素养直接影响体育教学的质量和效果。全面评估其现状和挑战，有助于制定针对性的提升策略。

1. 体育教师教学能力的现状

专业能力。体育教师的专业能力直接关系到体育教学的效果。当前，大多数体育教师具有较强的专业知识和技能，但在教学方法和手段上，仍存在一定的局限性。体育教师的专业知识扎实，但教学方法需要更新和提升，以适应现代教育的需求。

教学创新。体育教师在教学中普遍缺乏创新意识，传统的教学方法和内容较为单一，难以激发学生的兴趣和积极性。创新是教育的生命力，体育教师需要不断学习和实践新的教学方法，以提升教学效果。

信息技术素养。随着数字化时代的到来，体育教师的信息技术素养显得尤为重要。然而，当前许多体育教师在这方面的能力相对不足，难以有效利用现代科技手段进行教学。信息技术素养的缺乏限制了体育教师的教学创新和管理效率，需要通过培训和实践逐步提升。

2. 体育教师教学能力的挑战

提升专业能力。体育教师需要不断提升自身的专业能力，通过进修、培训等方式，更新知识结构，掌握先进的教学理念和方法，以适应现代体育教学的需求。持续的专业发展是体育教师提升教学能力的关键，学校和教育部门应提供更多支持和机会。

鼓励教学创新。体育教师应注重教学创新，积极探索和尝试新的教学模式和方法，增强体育课程的趣味性和多样性，提高学生的参与度和积极性。创新教学方法不仅能够提高学生的学习兴趣，还能提升教学效果和质量。

提高信息技术素养。体育教师需要加强信息技术素养的培养，熟练掌握和运用数字化工具和平台，提升教学效果和管理效率，推动体育教学的现代化和信息化发展。信息技术的应用不仅能提升体育教学的质量和效率，还能为学生提供更多个性化的学习支持。

综上所述，当前体育教学需要在全面审视其优势与不足、了解学生体质健康状况、评估体育教师的教学能力与素养的基础上，进行有针对性的改革和创新，以应对新时代的挑战，满足学生的多样化需求。通过不断提升教学质量和创新教学方法，体育教学将能够更好地促进学生的全面发展和健康成长。

二、新时代大学生体育学习的新需求

（一）大学生身体素质与健康需求的变化

进入新时代，大学生对身体素质和健康的认识和需求发生了显著变化。随着健康观念的普及和深入，现代大学生更加深刻地意识到身体素质对个人全面发展的重要性。他们不仅关注身体的健康状况，还追求通过科学的体育锻炼来提升身体素质，以适应日益加快的生活节奏和社会竞争。这种变化反映了大学生对健康生活的向往和对自身全面发展的追求。

与此同时，大学生对健康的定义也变得更加全面，不仅局限于身体健康，还包括心理健康。他们开始重视体育锻炼在缓解压力、改善心理状态方面的作用。通过参与体育活动，大学生期望能够有效调节情绪、增强自信心和社交能力，从而提升个人的生活质量和幸福感。

（二）个性化和多样化的体育学习需求

新时代的大学生具有鲜明的个性和广泛的兴趣爱好，这使得他们对体育学习的需求呈现出个性化和多样化的特点。大学生希望根据自己的兴趣和特长选择合适的体育课程，以满足自身的运动需求和发展目标。例如，热爱篮球的学生可能会倾向于选择篮球技巧提升课程，而喜欢舞蹈的学生则可能对舞蹈类课程更感兴趣。

此外，大学生还期待体育教学方法的多样化和创新。他们希望教师能够灵活运用不同的教学手段，如理论教学、实践操作、小组合作等，以激发他们的学习兴趣和提高学习效果。同时，大学生也渴望参与更多元化的体育活动，如户外探险、健身训练、瑜伽等，以丰富自己的运动体验并提升综合素质。

（三）体育教学对学生综合素质提升的要求

在新时代背景下，体育教学被赋予了更多的教育功能，除了关注学生的体能训练外，还强调对学生综合素质的培养。通过体育教学，大学生可以锻炼坚韧不拔的意志和毅力，培养团队合作精神和领导能力，提升竞争意识和创新意识等。这些素质的提升不仅有助于大学生的个人成长和发展，还能为他们未来的职业生涯奠定坚实的基础。

为满足新时代大学生的体育学习需求，高校体育教学需要不断创新和改革。教师应该关注学生的个性化需求，提供多样化的教学方法和活动内容，以激发学生的学习兴趣和潜能。同时，高校还应加强体育设施建设，完善体育教学体系，为大学生提供更加优质、全面的体育教育服务。通过这些措施的实施，可以进一步促进大学生的身体素质提升和综合素质发展，为培养新时代的高素质人才做出积极贡献。

三、数字化背景下体育教学的转型方向与必要性

随着数字化技术的飞速发展，体育教学正面临着前所未有的转型契机。数字化技术的应用不仅能够提升教学效果，还能更好地满足学生的个性化需求，从而促进学生的全面发展。以下是对数字化背景下体育教学转型方向与必要性的深入分析。

（一）数字化技术在体育教学中的应用潜力

数字化技术在体育教学中的应用，能够极大地提升教学效果和学生的参与度。通过虚拟现实技术和增强现实技术，学生可以在虚

拟环境中进行模拟训练，增强学习的趣味性和互动性。智能化的教学工具和平台能够提供实时反馈，帮助学生及时纠正错误动作，提高训练效果。以下是数字化技术在体育教学中应用的几个方面。

提升教学效果和参与度。数字化技术能够显著提升体育教学的效果和学生的参与度。例如，虚拟现实技术可以创建逼真的模拟训练环境，使学生能够在虚拟空间中进行高强度的体育训练，从而增强学习的实际效果。增强现实（AR）技术则可以将虚拟元素叠加在现实环境中，提供实时的动作指导和反馈，使学生能够及时调整和改进自己的动作。

个性化教学和数据驱动决策。利用大数据和人工智能技术，教师可以对学生的运动数据进行分析，从而制定个性化的教学计划和训练方案。通过对学生运动数据的监测和分析，教师可以了解每个学生的体能状况和训练效果，及时调整教学策略，以满足学生的个性化需求。数据驱动的个性化教学能够提高教学的针对性和有效性，帮助学生实现更好的学习效果。

资源共享和跨地域教学。数字化技术使得优质教育资源得以在全球范围内共享。通过在线平台，学生可以随时随地访问丰富的体育教学资源，进行自主学习和训练。跨地域教学的实现，不仅能够打破时间和空间的限制，还可以促进教育公平，为更多学生提供高质量的体育教育。在线教学平台和资源共享机制，使得教师和学生能够方便地进行互动和交流，提升教学效果和学习体验。

（二）体育教学与数字化结合的必然趋势

在当今全球化和信息化的时代，教育政策的推动和学生需求的变化，使得体育教学与数字化结合成为一种必然趋势。通过数字化技术的应用，体育教学可以实现教学模式的革新，提升教学质量和管理效率。以下是体育教学与数字化结合的几个关键方面。

教育政策的推动。各国政府和教育主管部门都在积极推动教育数字化转型。例如，中国教育部发布的《教育信息化2.0行动计划》明确提出，要加快推进教育信息化建设，提升教育现代化水平。在这种政策背景下，高校体育教学与数字化结合已经成为一种必然趋势。政策的推动不仅为数字化转型提供了方向和目标，也为其提供了必要的支持和保障。

学生需求的变化。当代大学生对体育学习的需求已经发生了显著变化。他们不仅希望通过体育锻炼增强体质，还希望通过体育学习提升综合素质和技能。数字化技术能够提供更加丰富和多样化的体育学习体验，满足学生的多元需求。个性化学习和灵活学习的需求，促使高校必须采用数字化手段来提升教学效果和学生参与度。

教学模式的革新。传统的体育教学模式已经无法完全适应现代教育的发展需求。数字化技术的应用，为体育教学模式的革新提供了新的可能。例如，混合式学习模式将线上和线下教学有机结合，既保留了传统教学的优势，又融入了现代技术的便利和高效。通过数字化手段，教师可以设计出更加灵活和多样化的教学内容和方法，提升教学效果。

提升教学质量和管理效率。数字化技术能够显著提升体育教学的质量和管理效率。通过信息化管理系统，教师可以高效地管理教学计划、学生档案和运动数据。教学资源的数字化和在线共享，使得教师能够更方便地进行课程设计和教学内容更新，进一步提升教学质量。数字化管理系统还能够提供详细的数据分析和报告，帮助教师进行科学的教学决策。

（三）数字化背景下体育教学转型的必要性

全球教育正在向数字化、信息化方向快速发展。为了在国际教育竞争中保持领先地位，高校体育教学必须顺应这一趋势，加快数字化转型步伐。数字化转型不仅是提高教育质量的必要手段，也是提升国际竞争力的重要途径。通过数字化技术，高校可以提供更加优质和多样化的教育服务，吸引更多优秀的学生和教师。

促进学生全面发展。体育教学不仅仅是培养学生的运动技能，更重要的是促进学生的全面发展。数字化技术能够为学生提供更丰富的学习资源和个性化的学习支持，帮助他们在身体素质、心理素质和社会适应能力等方面全面提升。通过数字化手段，教师可以更好地了解学生的需求和特点，提供针对性的指导和支持，促进学生的全面发展。

优化教育资源配置。通过数字化技术，教育资源可以得到更加合理和高效的配置。在线教学平台和资源共享机制，使得优质体育教育资源能够惠及更多的学生，缩小教育差距，实现教育公平。数字化资源的共享不仅能够提高教育资源的利用率，还能够提升整体教育质量，促进教育公平。

提升教学创新能力。数字化技术为体育教学的创新提供了广阔的空间。教师可以利用现代科技手段，设计更加多样化和个性化的教学内容和方法，激发学生的学习兴趣，提升教学效果。创新能力的提升，不仅有助于体育教学质量的提高，也为整个教育体系的创新发展注入新的活力。

综上所述，数字化背景下体育教学的转型具有重要的现实意义和发展潜力。通过充分利用数字化技术，高校体育教学能够实现从传统模式向现代化、信息化模式的转变，全面提升教学质量，满足学生多样化和个性化的学习需求，推动教育公平和资源共享，实现学生的全面发展和教育现代化。

第二章

数字化技术在高等教育中的
实践与变革

第一节
数字化技术的概述

一、数字化技术的定义与分类

(一) 数字化技术的基本定义

数字化技术是指通过信息技术手段，将各种类型的信息（如文字、声音、图像、视频等）转换成数字形式进行处理、存储、传输和显示的技术。通过二进制编码的方式，将模拟信号转化为数字信号，从而实现信息的标准化、精确化和高效化处理。这种技术依托于计算机和通信网络，使得信息处理和传递更加高效和便捷。

数字化技术不仅涉及信息的数字化处理，还涵盖信息的分析、处理和利用。其应用范围十分广泛，从基础的计算机技术到复杂的数据分析、人工智能、虚拟现实等领域，均包含在数字化技术的范畴内。随着科技的不断进步，数字化技术的发展日新月异，已经成为现代社会不可或缺的组成部分。

（二）数字化技术的主要类别

根据应用领域和功能进行分类，以下列举了几种主要的数字化技术类别。

1. 信息处理技术

信息处理技术是数字化技术的基础，涵盖了数据采集、数据存储、数据处理和数据传输等方面。这类技术包括计算机技术、数据库技术、网络技术等，通过有效管理和处理数据，实现信息的高效利用。例如，数据库管理系统能够存储和管理大量数据，支持复杂的查询和分析功能。

2. 通信技术

通信技术利用电磁波或光波进行信息传输，包括有线通信和无线通信两大类。常见的通信技术有光纤通信、卫星通信、移动通信（如4G、5G）等。这些技术的发展大大提高了信息传输的速度和容量，推动了全球信息交流和共享。现代通信技术的应用极其广泛，从日常的移动电话通信到复杂的卫星导航系统，都离不开这些技术的支持。

3. 多媒体技术

多媒体技术将文字、图像、声音、视频等多种媒体形式结合在一起，通过计算机进行处理和展示。多媒体技术广泛应用于教育、娱乐、广告等领域，如视频会议系统、电子图书、虚拟现实应用等。通过多媒体技术，信息可以以更加生动和直观的方式呈现，极大地提升了用户的体验和信息传达的效果。

4. 互联网技术

互联网技术基于互联网进行信息传输、交换和处理，包含网络协议（如 TCP/IP）、网络安全技术、云计算、大数据等。互联网技术的发展不仅改变了人们的生活和工作方式，还促进了信息的全球化和共享。例如，云计算技术允许用户通过互联网访问和存储大量数据，提供了强大的计算能力和灵活性。

5. 人工智能技术

人工智能技术通过模拟人类智能，实现机器自动化处理信息和解决问题的能力。包括机器学习、自然语言处理、计算机视觉等。人工智能技术在各个领域都有广泛应用，如自动驾驶汽车、智能语音助手、图像识别系统等。这些技术通过复杂的算法和数据处理，能够完成许多人类智能无法高效完成的任务，极大地拓展了信息技术的应用范围。

6. 虚拟现实与增强现实技术

虚拟现实和增强现实技术通过计算机生成三维虚拟环境或将虚拟信息叠加到现实场景中。这些技术在教育、游戏、医疗等领域有广泛应用。例如，VR 技术可以用于虚拟实验室的创建，使学生在虚拟环境中进行实验操作；AR 技术则可以将三维模型叠加到教科书上，增强学习体验。这些技术不仅提供了全新的互动体验，还能够大幅提升学习和训练的效果。

这些数字化技术类别并不是相互独立的，它们在实际应用中往往相互交织、相互支持，共同推动着数字化时代的进步。

二、主要数字技术介绍

在高等教育领域，数字化技术的应用已经变得日益广泛，其中最具代表性的技术是大数据技术、人工智能技术以及虚拟现实与增强现实技术等。这些技术为高等教育的教学、管理以及科研等方面带来了革命性的变化。

（一）大数据技术

大数据技术是指对海量、多样、高速、复杂的数据进行采集、存储、处理和分析的一整套技术体系。随着信息化进程的推进，数据的规模和复杂性不断增加，传统的数据处理技术难以应对大规模数据的处理需求。大数据技术通过分布式计算、数据挖掘和机器学习等手段，从海量数据中提取有价值的信息和知识，为决策和预测提供支持。

在高等教育中，大数据技术的应用非常广泛，其主要应用于学生信息管理、教学评价、课程优化、科研管理以及学校管理层等方面。

一是在学生信息管理方面，大数据技术可以对学生的基本信息、学习行为和成绩数据进行全面管理和分析，帮助教师和管理者了解学生的个性化需求和发展趋势。例如，通过对学生学习数据的分析，可以发现学生的学习习惯、学习进度和潜在的学习问题，从而为教师提供数据支持，帮助他们制定更加精准的教学计划和辅导方案。

二是在教学评价和课程优化方面，通过对教学数据的分析，可以评估教学效果，发现教学中的问题，并提出改进建议，从而优化课程设计和教学方法。大数据技术能够通过对学生在课堂上的表现、课后作业完成情况以及考试成绩等数据的综合分析，评估课程的难度、教学方法的有效性和学生的学习效果，进而对课程进行优化调整。

三是在科研管理中，大数据技术能够帮助研究人员从大量科研数据中发现规律和趋势，提高科研效率和质量。例如，科研人员可以利用大数据技术进行文献综述，快速找到相关研究领域的最新成果和研究动态，从而推动科研工作的发展。

四是在学校管理层面，大数据技术可以提供数据支持，帮助学校领导制定科学的决策，提升管理水平。例如，通过大数据技术，学校可以分析学生的招生数据、毕业去向、就业率等信息，从而优化招生策略、课程设置和就业指导，提高学校的整体办学水平。

（二）人工智能技术

人工智能技术是指通过计算机模拟人类智能，实现机器自动化处理信息和解决问题的技术。人工智能技术包括机器学习、自然语言处理、计算机视觉等多个领域，通过复杂的算法和模型，使机器具有学习、推理、感知和决策能力。

在高等教育中，人工智能技术的应用日益广泛。人工智能技术被用于智能教学、智能评估、智能推荐等多个方面。首先，智能教育系统可根据学生的学习情况和需求，自动生成个性化的学习计划和教学内容，提供智能化的学习辅导和评估服务。例如，智能辅导系统可根据学生的知识掌握情况和学习进度，推荐适合的学习资源和练习题，提高学习效率和效果。

其次，人工智能技术可用于教育资源的智能推荐和优化配置，提高教育资源的利用效率。例如，智能答疑系统可通过自然语言处理技术，自动解答学生提出的问题，提高教学服务的响应速度和质量。再如，计算机视觉技术可用于在线考试的监考系统，通过面部识别和行为分析，防止作弊行为的发生。人工智能还可通过学习分析和预测，帮助教师了解学生的学习进度和难点，提供有针对性的指导，提升教学效果。

最后，人工智能技术还可在教育管理中发挥重要作用。例如，通过人工智能技术，学校可以实现智能排课、智能考勤、智能招生等功能，提升管理效率和服务水平。人工智能技术的广泛应用，不仅提高了教育教学的质量和效率，还推动了教育模式的创新和变革。

（三）虚拟现实与增强现实技术

虚拟现实和增强现实技术是通过计算机生成三维虚拟环境或将虚拟信息叠加到现实场景中的技术。虚拟现实技术利用计算机生成逼真的三维环境，用户通过头戴显示器、手柄等设备，可以沉浸在虚拟环境中进行互动。增强现实技术则是在现实环境的基础上，通过摄像头和显示设备，将虚拟信息叠加在现实场景中，增强用户对现实环境的感知和理解。

在高等教育中，虚拟现实和增强现实技术的应用前景广阔。首先，虚拟现实技术可以用于实验教学和实训课程，通过虚拟实验室、虚拟实训平台等，学生可以在虚拟环境中进行操作和练习，弥补了现实条件下实验设备和场地的不足。例如，在医学教育中，学生可以通过虚拟现实技术进行解剖学教学，观察和操作虚拟人体器官，提升学习效果和实践能力。

其次，增强现实技术可以用于课堂教学和远程教育，通过增强现实教材、增强现实课堂等，将复杂的知识内容直观地呈现给学生，提高教学的互动性和生动性。例如，建筑学教育中，学生可以利用增强现实技术进行建筑设计和施工模拟，在现实场景中看到设计方案的效果，提高学习的直观性和实践性。

最后，虚拟现实和增强现实技术还可以用于校园文化建设和校外实践活动。例如，通过虚拟校园导览，学生可以在虚拟环境中了解校园的历史、文化和建筑；通过增强现实技术，学生可以在校外实践活动中获取更多的背景信息和指导，提升实践效果和体验。

第二节

数字化技术在高等教育中的发展现状

在互联网、大数据、人工智能等数字化技术的驱动下，人类社会的生产与生活模式正在经历深刻的转型。教育领域迎来前所未有的机遇与挑战，数字化技术的融入为教育创新和资源优化提供强大动力。

一、世界高等教育数字化发展阶段

世界高等教育数字化发展经历了三个阶段，如图 2 - 1 所示。

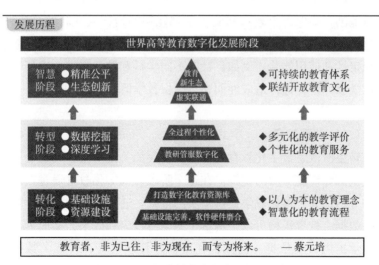

图 2 - 1　世界高等教育数字化发展阶段

资料来源：世界慕课与在线教育联盟秘书处. 无限的可能——世界高等教育数字化发展报告［M］. 北京：高等教育出版社，2023.

（一）转化阶段

转化阶段是世界高等教育数字化发展的基础阶段，主要目标是建设和完善数字化教育的基础设施。在这个阶段，教育机构需要进行大规模的硬件和软件升级，并改善网络环境。通过提供稳定和高效的技术支持，为数字化教育的实施打下坚实的基础。例如，各高校需要配备现代化的计算机设备、高速互联网接入以及云计算服务，以确保师生能够顺利使用数字教育资源。此外，建立一个丰富的数字化教育资源库也是关键，这些资源包括电子教材、教学视频、多媒体课件等，为教师和学生提供多样化的教学材料。

为了实现这些目标，具体举措包括完善教育机构的基础设施，提升硬件设备和网络条件，确保数字化教学的顺利进行。例如，学校可以通过采购高性能的服务器和网络设备，提升校园网的带宽和覆盖范围，确保每个教室和实验室都能顺畅地接入互联网。此外，通过实际应用，不断优化和调整教育软件与硬件的匹配，提升系统的稳定性和使用体验。例如，针对不同学科和教学需求，选择合适的教学软件，并进行适应性调整，确保教学活动的流畅进行。

（二）转型阶段

转型阶段是数字化教育向深层次发展的关键阶段，其核心在于数据挖掘和深度学习的支持。在这个阶段，数字化教育通过数据挖掘和分析，为个性化教学提供坚实的基础。通过收集和分析学生的学习数据，教育机构可以了解学生的学习行为和效果，从而为个性化教学提供科学依据。例如，利用学习管理系统和教育大数据平台，教师可以实时监控学生的学习进度、作业完成情况和考试成绩，发现学习中的薄弱环节，并及时进行辅导和调整。

具体举措包括全过程的个性化教学支持，从学生的学习准备、学习过程到学习结果的全方位支持。例如，学校可以通过智能学习平台，为每个学生制定个性化的学习路径和学习计划，推荐适合其学习水平和兴趣的课程和资源。同时，推动教育、研究和管理的数字化，提升管理效率和服务质量。例如，通过数字化教务管理系统，简化课程安排、成绩管理和学生事务处理，提高行政工作的效率，为教师和学生提供全面的支持和服务。

（三）智慧阶段

智慧阶段是数字化教育发展的高级阶段，注重实现教育的精准公平和生态创新。在这个阶段，教育系统通过智能技术，实现精准公平，确保每个学生都能享受到公平的教育机会。通过大数据和人工智能技术，教育机构可以对每个学生进行精准的学习分析和评估，提供个性化的教学建议和支持。例如，通过智能辅导系统，学生可以根据自身的学习情况和需求，获得个性化的学习资源和辅导，提升学习效果。

在生态创新方面，智慧阶段推动了教育生态的全面创新，通过虚实联通的新生态系统，促进教育的可持续发展。结合先进的虚拟现实和增强现实技术，创造更具互动性和沉浸感的学习环境。例如，利用 VR 技术，学生可以在虚拟的实验室中进行科学实验，体验真实的实验操作过程，增强学习体验和实践能力。同时，构建可持续的教育体系，推动教育资源的共享和循环利用，实现教育的长期发展。例如，通过建立开放教育资源平台，促进教育资源的开放和共享，提升教育资源的利用率和公平性。

最后，通过开放和联结的教育文化，智慧阶段促进了全球教育资源的共享与合作，提升了教育的国际化水平。例如，学校可以通过全球教育网络，与国际知名高校和教育机构开展合作，进行跨国教育项目和学术交流，提升学生的国际视野和竞争力。这种全球化的教育合作，有助于教育资源的优化配置和知识的广泛传播，推动教育事业的持续进步和发展。

通过这三个阶段的发展，世界高等教育数字化不断从基础设施的建设和资源的积累，逐步走向数据驱动的深度学习支持，最终实现智慧教育的新生态。每个阶段都有其独特的目标和具体举措，共同推动了教育的现代化和智能化发展。这一过程中，教育的精准公平和生态创新是核心目标，确保每个学生都能在数字化教育中获得最大的收益。这种教育模式的逐步升级和完善，不仅提高了教育质量和效率，还为实现全球教育公平和可持续发展提供了有力支持。

二、数字化校园建设现状

随着信息技术的快速发展和教育信息化政策的不断推进，高校数字化校园的建设取得了较快发展。数字化校园的建设不仅提升高校的管理效率和教学质量，也为师生提供更加便捷和高效的学习和工作环境。以下是对数字化校园建设现状的详细分析。

（一）数字化校园的概念与特点

数字化校园是以数字化信息和网络为基础，在计算机和网络技术上建立起来的对教学、科研、管理、技术服务、生活服务等校园信息的收集、处理、整合、存储、传输和应用，使数字资源得到充分优化利用的一种虚拟教育环境。通过实现从环境（包括设备、教室等）、资源（如图书、讲义、课件等）到应用（包括教、学、管理、服务、办公等）的全面数字化，在传统校园基础上构建一个数字空间，以拓展现实校园的时间和空间维度，提升传统校园的运行效率，扩展传统校园的业务功能，最终实现教育过程的全面信息化，从而达到提高管理水平和效率的目的。

数字化校园的特点主要体现在以下几个方面。

全方位的信息化。数字化校园涵盖了教学、科研、管理、服务等多个方面的数字化改造，实现了信息的全面共享和互通。通过构建统一的信息平台，各部门可以高效协同工作，提升整体管理效率。

智能化管理。通过应用智能化管理系统，如智能考勤、智能排课、智能图书馆管理等，提高校园管理的效率和精准度。智能化管理系统能够自动化处理日常事务，减少人工操作，提高工作效率。

互动性和个性化。数字化校园提供了丰富的互动平台和个性化服务，学生和教师可以通过各种数字化工具进行互动和交流，满足个性化的学习和教学需求。例如，在线讨论区、虚拟课堂和学习管理系统等，增强了师生之间的互动和联系。

资源的高效利用。数字化校园通过资源的数字化和共享，优化了教育资源的配置和利用，提高了资源的使用效率。数字图书馆、在线课程资源库等使得师生可以随时随地访问和使用各种教育资源。

安全性和便捷性。数字化校园在提高信息安全的基础上，提供便捷的服务和操作体验，如校园一卡通、在线支付、智慧安防等，增强了校园的安全性和便捷性。信息安全系统和数据保护措施确保了校园信息的安全和隐私。

（二）数字化校园建设的进展

近年来，随着信息技术的快速发展和教育信息化政策的推动，各高校积极推进数字化校园的建设，取得了显著的进展。

1. 基础设施建设

各高校加大了对数字化基础设施的投入，建设了高速校园网络、智能教室、多媒体教室和虚拟实验室等，搭建了完善的数字化基础设施平台。通过建设高性能计算中心和数据中心，提供了强大的计算和存储能力，支持教学、科研和管理的数字化需求。例如，某些高校建设了覆盖全校的高速无线网络，学生和教师可以随时随地接入互联网，进行学习和研究。

2. 信息系统集成

数字化校园建设注重信息系统的集成与融合，打破了传统的信息孤岛，实现了教学、科研、管理和服务等系统的互联互通。通过构建校园统一数据平台，实现了各类数据的集中管理和共享，提升了数据利用的效率和决策的科学性。例如，某大学通过统一数据平台，实现了教务系统、财务系统、科研管理系统等多个系统的数据共享和集成，极大地提高了管理效率。

3. 智能化应用推广

各高校积极推广智能化应用，如智能教务管理系统、智能图书馆管理系统、智能宿舍管理系统等，提高了管理的效率和服务的质量。通过引入人工智能和大数据技术，开发了智能学习平台和个性化学习系统，提升了教学效果和学生的学习体验。例如，某高校引入了智能排课系统，不仅提高了排课的效率，还能根据教师和学生的需求进行个性化排课，满足不同教学和学习的需求。

4. 线上线下融合

数字化校园建设注重线上线下的深度融合，推动混合式教学模式的发展。通过构建在线课程平台和虚拟实验室，提供丰富的在线教学资源和实践机会，增强学生的学习效果和参与度。线下教学与线上教学相结合，实现教学资源的共享和教学模式的创新。例如，某大学的在线课程平台提供丰富的课程资源，学生可以在线学习、提交作业，并与教师进行互动，极大地增强了学习的灵活性和便利性。

5. 安全保障体系建设

随着数字化校园建设的推进，高校应加强信息安全保障体系的建设。通过部署防火墙、入侵检测系统、数据加密和备份等措施，提升校园信息系统的安全性和可靠性。通过建立完善的信息安全管理制度和应急响应机制，保障校园信息的安全。例如，某高校建立全面的信息安全管理体系，定期进行安全检查和演练，确保信息系统的安全稳定运行。

总体来说，数字化校园建设已经成为高等教育信息化的重要组成部分，为提升教学质量、优化管理流程和丰富校园生活提供了有力支持。然而，数字化校园建设仍面临诸多挑战，如信息安全、数据保护、技术更新等问题需要持续关注和解决。通过不断探索和创新，高校将进一步完善数字化校园建设，为师生提供更高质量的教育服务和更优质的校园环境。

三、数字化技术在教学管理中的应用

数字化技术的广泛应用，不仅能提升高校的教学质量，而且能极大地提高教学管理的效率。以下是数字化技术在教学管理中应用的详细分析。

（一）数字化教学管理系统

数字化教学管理系统是高校教学管理信息化的重要组成部分。通过该系统，学校可实现教学资源的集中管理和优化配置，提升教学管理的效率和科学性。

1. 课程管理

数字化教学管理系统能够高效管理课程安排，包括课程表生成、教室分配、课程调整等。系统根据学生的选课情况和教师的课程安排，自动生成科学合理的课程表，避免人工排课的烦琐和错误。通过智能排课算法，系统能够综合考虑教师的时间安排、教室的使用情况以及学生的课程需求，生成最优的课程表，提高教学资源的利用效率。

2. 教师教学综合管理

数字化教师管理系统可对教师的教学任务、课时安排、教学评估等进行全面管理。教师可通过系统查看自己的教学任务和课时安排，提交教学计划和教学总结，进行自我评估和反馈。系统还可提供教师的教学绩效分析，帮助学校管理层了解教师的教学情况，为教师的评优评先和职业发展提供数据支持。

3. 学生信息管理

数字化学生管理系统能够记录和管理学生的个人信息、选课情况、成绩数据等。学生可通过系统查看自己的学习进度和成绩单，进行选课和退课，提交作业和查看反馈。系统还支持学生档案管理，包括学籍信息、奖惩记录、学术成果等，全面记录学生的成长轨迹，为学校的教学和管理提供重要数据支持。

4. 教学资源管理

数字化资源管理系统整合了学校的教学资源，如课件、教材、视频等，供教师和学生随时调阅和使用。通过资源管理模块，学校可实现教学资源的共享和高效利用。教师通过上传和分享自己的教学资料，学生能根据课程需求下载和学习相关资料，促进教学资源的开放与共享。

（二）数字化技术在教学评价中的应用

数字化技术为教学评价提供多维度综合与客观的方式。传统的教学评价主要依赖于纸质试卷或人工统计，而数字化技术则可实现在线评价、实时反馈和数据分析。

1. 在线考试与评估

通过数字化考试平台，学校组织在线考试，实现自动化评卷和成绩统计。系统能支持多种题型的在线考试，如选择题、填空题、主观题等，自动评卷功能极大地提高了考试的效率和准确性。在线考试还可随机抽题、设定考试时间和自动评分，确保考试的公平性和规范性。

2. 教学反馈系统

数字化技术使得教学反馈更加及时和有效。通过在线平台，学生对课程和教师进行评价，教师可通过系统查看学生的反馈，及时调整教学方法和内容，提高教学效果。教学反馈系统可定期收集学生的意见和建议，为教师提供有针对性的改进意见，帮助他们不断提升教学水平。

3. 数据分析与评估

通过对教学数据的分析，学校可以对课程效果、教师表现、学生学习情况进行全面评估。数据分析能够发现教学中的优势和不足，提供有针对性的改进建议，提升教学质量。系统能生成各类教学报告，如课程满意度分析、教师教学质量评估、学生学习进度报告等，为学校的教学决策提供科学依据。

（三）数字化技术在教务管理中的应用

教务管理是高校教学管理的重要组成部分，数字化技术的应用提升了教务管理的效率和精确度。通过高校数字化教务管理系统，可实现学籍管理、选课系统、考务管理、毕业审核等工作的自动化和智能化。

1. 学籍管理

数字化学籍管理系统能够对学生的入学、注册、成绩、毕业等全过程进行管理。系统自动记录和更新学生的学籍信息，提供学籍查询和统计功能，简化学籍管理的流程。通过系统生成学生的学籍档案，方便学校进行学籍审核和管理，确保学籍信息的准确和完整。

2. 选课系统

数字化选课系统为学生提供便捷的选课服务，学生可通过系统查看课程信息、选择和调整课程。根据系统的选课规则和课程容量，自动处理学生的选课请求，确保选课过程公平有序。此外，选课系统还能提供选课数据分析，帮助学校了解学生的选课倾向和课程需求，为课程设置和调整提供参考依据。

3. 考务管理

数字化考务管理系统能够高效组织和管理考试工作，包括考试安排、监考安排、成绩录入等。系统自动生成考试安排表，通知相关人员，记录和管理考试成绩，提升考务管理的规范性和高效性。通过考务管理系统监控考试过程，防范考试作弊行为，确保考试的公平性和公正性。

4. 毕业管理

数字化毕业管理系统能够对学生的毕业资格进行审核和管理，系统自动检查学生的学分和成绩，生成毕业名单和毕业证书，确保毕业管理的准确和高效。毕业管理系统能为学生提供毕业查询和证书验证服务，方便学生和用人单位查阅和验证毕业信息。

总体来说，数字化技术在教学管理中的应用已经渗透到高等教育的各个环节。通过数字化教学管理系统、在线评价系统和数字化教务管理系统等工具的应用，高等教育机构可以实现更加高效、准确和个性化的教学管理服务，从而提升教学质量和学生的学习体验。随着数字化技术的不断发展，高校教学管理将进一步向智能化、精准化和个性化方向迈进，为教育现代化提供坚实的技术支撑。

第三节

数字化技术对教育模式的影响

一、数字化教学模式的特点

（一）数字化教学模式的内涵

数字化教学模式是指通过信息技术和数字化工具，将传统的教学过程转变为基于数字平台的教学方式。这种模式利用互联网、计算机、移动设备等技术手段，实现教学资源的数字化、教学过程的在线化、教学管理的智能化，从而提高教学的灵活性和效率。数字化教学模式不仅包括线上课程和虚拟课堂，还涵盖了混合式教学、翻转课堂、个性化学习等多种教学形式。

数字化教学模式的核心在于通过信息技术手段，打破时空限制，实现教学资源的共享和教学过程的互动。它不仅使教师能够更加便捷地传授知识，还使学生能够自主安排学习时间和进度，提升学习效果。具体来说，数字化教学模式通过以下几个方面实现其内涵。

1. 教学资源的数字化

数字教学资源包括课件、教材、视频、音频等教学资源的数字化处理，使其能够通过网络平台进行传输和共享。教师可将教学内容上传至平台，学生可随时随地进行访问和学习。

2. 教学过程的在线化

利用在线学习平台和工具，实现课程的在线授课、作业提交、考试评估等。教师通过虚拟教室进行授课，学生通过在线平台参与学习活动，使教学活动可以在虚拟空间中进行，打破了时间和空间的限制。

3. 教学管理的智能化

通过教学管理系统，自动化处理课程安排、学生管理、成绩评定等教学管理事务，提高管理效率和精确度。系统可自动生成课程表、记录学生考勤、评估学生成绩，减少了人工操作的烦琐，提高了管理效率。

4. 教学互动的多样化

通过论坛、实时聊天、虚拟实验等多种互动方式，增强师生之间、学生之间的互动和交流。教师和学生可通过在线讨论区进行交流，利用虚拟实验室进行实践操作，增加了教学的互动性和参与度。

（二）数字化教学模式的优势

数字化教学模式相较于传统教学模式具有显著的优势，主要体现在以下几个方面。

1. 灵活性和便捷性

数字化教学模式打破了传统课堂的时空限制，学生可随时随地通过互联网访问课程资源进行学习。无论是通过在线直播课程还是观看录播视频，学生都能灵活安排学习时间，极大地提高了学习的便捷性。

2. 丰富的教学资源

数字化教学模式整合了大量的教学资源，包括电子教材、教学视频、互动课件等。这些资源不仅内容丰富，还能通过多媒体形式生动地呈现，增强了学生的学习兴趣和理解能力。例如，利用虚拟现实技术，学生可身临其境地进行实验操作或历史文化体验，大大提升了学习的直观性和参与感。

3. 个性化学习

数字化教学模式支持个性化学习，根据学生的学习进度和兴趣提供定制化的教学内容和学习计划。通过大数据分析和人工智能技术，系统能自动分析学生的学习数据，发现其学习中的优势和薄弱环节，从而推荐相应的学习资源和练习，帮助学生有针对性地提高。

4. 实时互动与反馈

数字化教学模式下，师生之间的互动更加便捷和高效。通过在线平台与教师进行实时交流，学生可提出问题并获得即时解答。此外，数字化教学系统能实时记录学生的学习进度和表现，通过系统随时了解学生的学习情况，教师可提供及时的反馈和指导，促进教学效果的提升。

5. 教学管理的智能化

数字化教学模式通过智能化管理系统，实现教学过程的自动化管理。系统可自动安排课程、发布作业、进行考试评估等，极大地减轻了教师的工作负担。同时，教学管理系统还可生成详细的教学数据报告，帮助教师和学校管理层了解教学效果和学生表现，为教学决策提供数据支持。

6. 资源共享与协作学习

数字化教学模式促进了教学资源的共享与协作学习。不同地区、不同学校的学生可通过在线平台共享优质课程资源，进行跨校合作学习。教师也可通过网络平台进行教学交流和合作，共享教学经验和资源，共同提升教学水平。

二、数字化技术对学生学习方式的影响

随着数字化技术在教育中的广泛应用，学生的学习方式也发生

了深刻的变化。数字化技术不仅改变了学生获取知识的途径和方式，还对学习环境、学习资源和学习体验产生了重要影响。以下是数字化技术对学生学习方式影响的详细分析。

（一）数字化技术对学习方式的改变

1. 自主学习的增强

数字化技术使学生可更加自主地安排学习时间和学习内容。通过在线课程和数字化资源，学生可根据自己的学习进度和兴趣选择学习内容，自主制定学习计划，从而实现个性化学习。这种自主学习方式不仅提高了学生的学习积极性和主动性，还促进了他们的自我管理和自主学习能力的发展。

2. 即时获取信息和资源

通过互联网和数字化学习平台，学生可即时获取大量的学习资源和信息。无论是电子教材、教学视频，还是学术论文、在线课程，学生都可随时随地进行访问和学习。这种即时获取信息的方式大大丰富了学生的学习资源，提高了学习的效率和效果。

3. 互动和协作学习的增强

数字化技术提供了丰富的互动和协作工具，如在线讨论区、虚拟教室、协作平台等，促进了学生之间、师生之间的互动和交流。学生可通过这些平台进行小组讨论、合作项目、实时问答等，增强了学习的互动性和参与度。这种互动和协作学习方式不仅有助于知识的深入理解和应用，还培养了学生的团队合作精神和沟通能力。

4. 灵活学习的实现

数字化技术打破了传统课堂的时空限制，使学生可随时随地进行学习。无论是在家中、图书馆，还是在校外，学生都可通过移动设备和网络平台进行学习。这种灵活学习方式不仅方便了学生的学习安排，还使他们能够充分利用碎片化时间进行学习，极大地提高了学习的便捷性和灵活性。

（二）数字化学习环境的特点

1. 个性化学习环境

数字化学习环境能够根据学生的学习需求和学习进度提供个性化的学习内容和学习路径。通过大数据分析和人工智能技术，系统可分析学生的学习数据，了解他们的学习习惯、兴趣和薄弱环节，从而提供有针对性的学习资源和建议，帮助学生实现个性化学习目标。

2. 丰富的多媒体资源

数字化学习环境整合了多种多媒体资源，如视频、音频、动画、交互式课件等，使学习内容更加生动和直观。学生可通过多媒体资源进行多感官的学习，增强了学习的趣味性和效果。例如，通过虚拟现实技术，学生可进行虚拟实验和模拟操作，身临其境地学习复杂的知识和技能。

3. 即时反馈和评估

数字化学习环境能够提供即时的学习反馈和评估。学生在学习过程中，可通过在线测试和练习实时获得反馈，了解自己的学习情况和存在的问题。系统还可自动生成学习报告，帮助学生总结学习成果，调整学习策略，从而不断优化学习过程和效果。

4. 从"师生交互"向"师生机深度交互"模式转变

数字化技术不仅革新了传统的师生交互方式，还引入了"师生机深度交互"的新模式。通过智能学习系统和人工智能助手，学生可与机器进行互动，获得个性化的学习指导和即时反馈。例如，智能答疑系统能够实时解答学生的问题，学习分析系统则可根据学生的学习数据提供个性化的学习建议。这种师生机深度交互模式显著提升了教学的个性化和针对性，使得教学过程更加高效和灵活。通过这种方式，学生不仅能得到即时的学习支持，还能根据自己的需求和进度进行个性化的学习，大大提高了学习的效果和满意度。

5. 开放和共享的学习资源

数字化学习环境促进了学习资源的开放和共享。不同地区、不同学校的学生可通过在线平台共享优质的课程资源和学习资料，打破了地域和时间的限制，促进了教育资源的均衡发展和共享利用。学生不仅可利用本校的学习资源，还可通过网络获取全球范围内的优质教育资源，拓宽了学习视野和知识面。

第四节

高等学校数字化转型的挑战与机遇

一、高校数字化转型面临的主要挑战

随着信息技术的快速发展和教育信息化的深入推进，高等学校正面临着全面数字化转型的迫切需求。然而，数字化转型过程中也遇到了诸多挑战，以下是高校在数字化转型中面临的主要挑战。

（一）数字化基础设施建设的挑战

数字化基础设施是高校数字化转型的基础和保障，然而，高校在数字化基础设施建设中面临诸多挑战。

1. 投入资金和资源的压力

数字化基础设施建设需要大量的资金投入，包括建设高速校园网络、购置高性能计算设备、搭建数据中心等。然而，许多高校尤其是经济条件相对较差的学校，面临资金短缺的问题，难以在短时间内完成全面的数字化基础设施建设。这种资金压力不仅限制了基

础设施的建设速度，还影响了后续的维护和更新。

2. 设备和技术的更新换代

信息技术发展迅速，设备和技术的更新换代周期较短。高校需要不断投入资金进行设备和技术的更新，以保持数字化基础设施的先进性和稳定性。这不仅增加了高校的经济负担，也对技术维护和更新提出了更高的要求。高校必须建立长效机制，确保技术设备能够与时俱进，以应对未来不断变化的教学和科研需求。

3. 基础设施的统一规划和整合

高校内部存在多种信息系统和平台，如何将这些系统和平台进行有效的整合和统一规划，是数字化基础设施建设中的一个重要挑战。缺乏统一的规划和标准，容易导致信息孤岛现象，影响信息的共享和协同工作。高校需要制定统一的数字化标准和规范，确保各系统之间的互联互通，提高信息的利用效率。

4. 网络安全和数据保护

随着数字化程度的提高，网络安全和数据保护成为高校数字化基础设施建设中的重要挑战。高校需要建立完善的网络安全体系和数据保护机制，防范网络攻击和数据泄露，确保数字化基础设施的安全性和可靠性。这包括制定严格的安全策略、定期进行安全审计和培训，并采用先进的加密技术和防火墙等安全措施，保护师生和学校的数据安全。

（二）教师信息素养的不足

教师是高校教学活动的主体，其信息素养的高低直接影响到数字化转型的成效。然而，当前高校在提升教师信息素养方面面临诸多挑战。

1. 教师信息技术能力的差异

高校教师群体的年龄、专业背景和信息技术能力参差不齐，部分教师对信息技术的掌握较为薄弱，难以适应数字化教学的要求。提升教师整体的信息技术能力，缩小能力差距，是数字化转型中的一项重要任务。高校需要针对不同层次和背景的教师，制定分层次、分阶段的培训计划，确保每位教师都能掌握基本的信息技术技能。

2. 信息技术培训的系统性和持续性不足

高校在教师信息素养提升方面，往往缺乏系统性和持续性的培训计划。部分高校虽然开展了一些信息技术培训，但培训内容和形式较为单一，难以满足教师多样化的需求。如何制定科学合理的培训计划，提供系统化、持续性的培训，是提升教师信息素养的关键。高校应建立长效培训机制，定期开展信息技术培训，并鼓励教师参与各类信息技术研讨会和交流活动。

3. 实践操作与应用能力的不足

信息素养不仅体现在理论知识的掌握上，更体现在实践操作和应用能力上。高校需要为教师提供更多的实践机会和应用平台，鼓励教师在实际教学中应用信息技术，提升信息技术的实际操作和应用能力。通过开展信息技术应用竞赛、示范课程等活动，激发教师的实践热情，并提供相应的技术支持和资源，确保信息技术在教学中的有效应用。

4. 教学观念和教学模式的转变

数字化转型不仅是技术层面的变革，更是教学观念和教学模式的转变。部分教师在教学观念上仍然固守传统模式，对数字化教学持观望态度，缺乏积极性和主动性。高校需要通过政策引导、典型示范和激励机制，推动教师更新教学观念，积极参与数字化教学模式的探索和实践。通过推广数字化教学的成功案例，组织教师参观考察，激发他们对数字化教学的兴趣和信心。

二、高校数字化转型的机遇与优势

随着数字化技术的不断发展和应用，高校的数字化转型不仅面临挑战，同时也带来了诸多机遇和优势。以下是高校在数字化转型过程中所能获得的主要机遇和优势。

（一）数字化转型带来的教学创新

1. 教学手段的多样化

数字化转型使得教学模式更加多样化和灵活。通过线上线下相结合的混合式教学模式，教师可利用在线课程、虚拟课堂、直播授课等多种形式进行教学。这种多样化的教学模式不仅增强了教学的灵活性，也满足了不同学生的学习需求。

2. 翻转课堂的实施

数字化技术使得翻转课堂的实施成为可能。教师可提前将教学视频、课件等学习资源上传到在线平台，学生在课前进行自学。课堂上，教师和学生可以进行互动讨论、问题解答和实践活动，从而提高课堂教学的效果和学生的参与度。如清华大学的翻转课堂实践证明，该模式能显著提高了学生的学习效果和参与度。

3. 个性化教学的实现

通过大数据分析和人工智能技术，教师可根据学生的学习进度、兴趣和需求，提供个性化的教学内容和学习计划。这种个性化教学不仅可以提高学生的学习效果，还能激发学生的学习兴趣和主动性，帮助他们实现个性化的发展目标。例如，利用智能学习平台，教师可以实时监控学生的学习数据，为每个学生制定个性化的学习方案。

4. 互动教学的增强

数字化技术提供了丰富的互动工具，如在线讨论区、实时聊天、互动白板等，增强了师生之间、学生之间的互动和交流。通过这些互动工具，教师可及时了解学生的学习情况，进行有针对性的指导和反馈，促进教学效果的提升。上海交通大学通过在线互动平台，实现了师生之间的实时互动，提升了教学效果和学生的参与感。

（二）数字化技术提升教育质量

1. 教学资源的丰富

数字化技术使得教学资源更加丰富和多样。教师可利用多媒体技术制作生动有趣的教学课件，利用虚拟现实技术进行实验模拟和实践操作，利用电子图书馆和在线数据库获取最新的学术资源。这些丰富的教学资源不仅提高了教学的质量，也激发了学生的学习兴趣和探究精神。例如，北京师范大学的数字化图书馆为学生提供了海量的电子资源，极大地丰富了教学内容。

2. 教学过程的优化

数字化技术可以优化教学过程，提高教学效率。通过教学管理系统，教师可自动化处理课程安排、学生管理、成绩评定等事务，减少了行政工作量，更多地关注教学本身。同时，数字化技术还可实现实时的教学监控和反馈，帮助教师及时调整教学策略，提高教学效果。例如，浙江大学的教学管理系统实现了教学过程的全程数字化管理，大幅提升了教学效率。

3. 教学评估的科学化

数字化技术为教学评估提供了科学的工具和方法。通过在线考试、在线作业、学习数据分析等手段，教师可全面、客观地评估学生的学习情况，发现教学中的优势和不足，提供有针对性的改进建议，提升整体教学质量。例如，复旦大学采用在线考试系统，不仅提高了评估的客观性，还大大减少了考试的组织成本。

（三）数字化教育资源的共享与普及

1. 优质资源的广泛共享

数字化转型促进了优质教育资源的广泛共享。通过建设开放教育资源平台，高校可将优质课程资源、教学视频、学术论文等共享给更多的学生和教师，不受地域和时间的限制。这种资源共享不仅提高了教育资源的利用效率，也促进了教育公平。例如，中国教育部推出的"国家智慧教育公共服务平台"汇集了全国范围内的优质教育资源，供广大师生免费使用。

2. 跨校合作和交流

数字化技术为高校之间的合作和交流提供了便利。不同高校的学生可通过在线平台共享课程资源，进行跨校选课和学习交流。教师也可通过网络进行教学研讨和学术交流，共同提升教学水平和科研能力。例如，华东师范大学与国外知名高校建立了在线课程共享机制，实现了优质资源的互通和共享。

3. 教育资源的普及化

数字化技术使得教育资源更加普及和可及。通过在线教育平台，偏远和经济欠发达地区的学生也可享受到优质的教育资源，提升自身的知识和技能水平。这种教育资源的普及化，有助于缩小教育差距，实现教育的公平和均衡发展。例如，通过"希望工程·数字化"项目，许多偏远地区的学生能够通过数字化平台接受优质教育，改变了他们的学习和生活状况。

综上所述，高校数字化转型不仅带来了教学创新和教育质量的提升，还促进了教育资源的共享与普及。通过充分利用数字化技术，高校可以实现教学模式的多样化、个性化教学、互动教学等创新，优化教学过程，提高教学评估的科学性，促进优质教育资源的广泛共享和普及，为学生提供更加优质和公平的教育服务。这不仅有助于提升高校的整体教育水平，也为社会培养了更多适应未来发展的高素质人才。

三、促进高校数字化转型的关键策略

为顺利推进高等学校的数字化转型，需要制定和实施一系列关键策略。这些策略不仅包括政策的支持与引导，还涵盖了具体的实施路径，旨在全面提升高校的数字化水平和教育质量。

（一）政策支持与引导

1. 制定明确的数字化转型政策

政府和教育主管部门应制定明确的数字化转型政策，为高校数字化转型提供方向和框架。政策应包括数字化转型的目标、路径、标准和评估机制，以确保各高校在数字化转型过程中有章可循，统一步调。例如，教育部发布《高校数字化转型指导意见》，明确转型的总体目标和阶段性任务。

2. 加大财政投入与支持

数字化转型需要大量的资金投入，包括基础设施建设、信息技术培训、数字资源开发、教师培训等。政府应加大对高校数字化转型的财政支持，设立专项基金，确保高校有足够的资金进行数字化建设和维护。同时，应鼓励社会资本参与，共同推动高校数字化转型。

3. 推动产学研合作

政府应鼓励高校与企业、研究机构等开展合作，共同研发和推广先进的教育技术。这种合作模式有助于加快数字化转型的进程，并提高教育技术的实用性。例如，通过产学研合作，高校可以引进最新的科技成果，并迅速应用于教学实践，提升教学质量。

4. 建立健全监管与评估机制

为确保数字化转型的顺利实施，政府应建立健全的监管与评估机制，对高校的数字化转型进行定期检查和评估。评估内容应包括数字化基础设施建设、信息技术应用、教学质量提升等方面，及时发现和解决问题，推动数字化转型的持续改进和优化。

5. 鼓励创新与示范引领

政府应鼓励高校在数字化转型过程中积极创新，探索适合自身的数字化发展路径。对表现突出的高校，应给予表彰和奖励，树立典型，发挥示范引领作用。通过典型示范带动其他高校，共同提升数字化转型水平。

（二）高校数字化转型的实施路径

1. 制定科学的数字化转型战略规划

高校应根据自身实际情况，制定科学的数字化转型战略规划。规划应明确数字化转型的目标、重点任务和实施步骤，确保各项工作有序推进。数字化转型规划应包括基础设施建设、信息技术培训、数字资源开发、教学模式创新等方面，全面提升高校的数字化水平。

2. 加强数字化基础设施建设

数字化基础设施是高校数字化转型的基础。高校应加大对校园网络、数据中心、智能教室等基础设施的投入，建设高速、稳定、安全的数字化校园环境。通过引进先进的技术设备和系统，提升基础设施的整体水平，为数字化教学和管理提供坚实的保障。例如，建设覆盖全校的高速无线网络，确保师生随时随地访问数字资源。

3. 提升教师的信息素养

教师是数字化转型的核心力量。高校应通过系统化的培训和持续性的支持，提高教师的信息技术素养。培训内容应包括信息技术的基础知识、数字化教学工具的使用、教学资源的开发与应用等，帮助教师掌握数字化教学所需的技能和方法。通过设立信息技术培训中心，定期举办研讨会和工作坊，提升教师的数字化教学能力。

4. 开发和利用优质数字化教学资源

高校应积极开发和利用优质的数字化教学资源。通过建设开放教育资源平台，整合校内外的优质资源，提供丰富的数字化教材、教学视频、虚拟实验等，供师生随时随地使用。同时，鼓励教师自主开发符合学科特点和学生需求的数字化资源，不断丰富和更新教学内容。例如，创建涵盖各个学科的在线课程库，为学生提供多样化的学习选择。

5. 推进教学模式创新

高校应探索和实施多样化的数字化教学模式，如混合式教学、翻转课堂、在线学习等。通过利用数字化平台和工具，优化教学过程，增强教学互动，提升教学效果。例如，在翻转课堂模式下，教师可提前录制教学视频，学生课前自学，课堂上进行互动讨论和实践操作，提升教学质量和学生的学习体验。

6. 建立完善的数字化管理体系

高校应建立完善的数字化管理体系，提升教学和管理的效率。通过引入智能化管理系统，实现教学、科研、行政等各个环节的数字化管理。系统应包括教学管理、学生管理、财务管理等模块，提供全面的数据支持和决策分析，优化高校的管理流程和运行机制。例如，采用智能化的教务管理系统，实现课程安排、成绩管理、学籍管理等的全流程数字化管理。

7. 加强国际合作与交流

高校应加强与国际知名高校和研究机构的合作与交流，共享数字化转型的经验和成果。通过引进先进的数字化教育理念和技术，借鉴国际成功案例，提升自身的数字化水平。通过参与国际学术会议和合作研究，拓展国际视野，推动数字化转型的深度和广度。例如，与国外知名大学合作开设联合课程，推动国际化教育的发展。

通过政策支持与引导，以及科学合理的实施路径，高校数字化转型将获得强有力的保障和推动力。只有通过多方协作，持续努力，高校才能实现全面的数字化转型，提升教育质量和管理水平，为社会培养更多高素质的人才。

第三章

数字化时代体育教学模式的变革

数字化体育教学的理论基础

一、数字化体育教学的基本内涵

随着信息技术的迅猛发展，数字化体育教学已经成为现代教育的重要组成部分。它通过整合多种数字化手段和工具，将传统体育教学与现代科技相结合，提供了一种更加灵活、高效的教学模式。数字化体育教学不仅在内容传授上更加丰富多样，也在教学方法和评估手段上实现了重大革新，极大地提升了教学质量和学生的学习体验。

（一）数字化体育教学的定义

数字化体育教学是指利用信息技术和数字化工具，通过互联网、计算机、多媒体等手段，进行体育教学活动的一种新型教学模式。它涵盖了从教学内容的设计、教学过程的实施到教学效果的评估等各个环节，旨在通过数字化手段提高教学效率、丰富教学资源、增强教学互动。

具体来说，数字化体育教学不仅包括传统的体育理论知识的在线教学，还包括体育技能的演示与训练指导。通过数字化技术，教师可以将复杂的体育动作分解成多个步骤，并通过视频、动画等方式直观地展示给学生。同时，学生也可以通过在线平台进行自主学习、互动讨论和实时反馈，极大地提升了学习效果和参与度。

（二）数字化体育教学的组成要素

为了更好地理解数字化体育教学的内涵，探讨其组成要素是至关重要的。数字化体育教学的组成要素主要包括以下几个方面。

1. 数字化教学内容

数字化教学内容是数字化体育教学的核心，包括电子教材、教学视频、动画演示、互动课件等。这些内容可以通过多媒体技术进行展示，使得教学内容更加生动形象，易于理解和掌握。例如，在篮球教学中，教师可以通过视频详细讲解和演示运球、投篮等基本动作，使学生能够直观地学习和模仿。

2. 数字化教学平台

数字化教学平台是实施数字化体育教学的重要工具，提供了教学资源的存储、管理和共享功能。常见的数字化教学平台包括在线学习管理系统、虚拟学习环境等，这些平台支持教学内容的发布、学生的学习记录、在线互动和反馈等功能。例如，某大学的体育课程可以通过在线学习管理系统上传课程视频，学生可以随时随地观看并参与讨论。

3. 教学互动工具

教学互动工具是增强师生之间、学生之间互动的重要手段。包括在线讨论区、实时聊天、视频会议、互动白板等。这些工具可以促进师生之间的即时沟通和互动，提高学习的参与度和效果。例如，通过视频会议系统，教师可以实时解答学生的疑问，进行互动教学。

4. 数字化评估系统

数字化评估系统通过在线测试、作业提交、学习数据分析等方式，对学生的学习效果进行全面评估。通过数字化评估，教师可以及时了解学生的学习情况，进行有针对性的指导和改进。例如，在线测验系统可以自动评分，并提供详细的答题分析，帮助学生了解自己的不足。

5. 支持设备与技术

支持设备与技术是数字化体育教学的重要组成部分，包括计算机、平板电脑、智能手机、投影仪、虚拟现实设备等。这些设备和技术为数字化教学提供了必要的硬件支持，保证教学活动的顺利进行。例如，虚拟现实设备可以模拟真实的运动场景，让学生进行沉浸式的体育训练。

（三）数字化体育教学的核心理念

数字化体育教学的核心理念主要包括以下几个方面。

1. 以学生为中心

数字化体育教学强调以学生为中心，根据学生的兴趣和需求，提供个性化的教学内容和学习方案。通过数字化手段，教师可以为每个学生量身定制学习计划，满足不同学生的学习需求，促进学生的全面发展。例如，通过学习管理系统，教师可以跟踪学生的学习进度，提供个性化的指导和支持。

2. 灵活多样的教学方式

数字化体育教学采用灵活多样的教学方式，包括线上与线下结合、同步与异步学习结合、自主学习与合作学习结合等。这些多样化的教学方式不仅提高了教学的灵活性和适应性，还丰富了学生的学习体验。例如，学生可以在课后通过在线平台复习课堂内容，参与线上讨论，提高学习效果。

3. 高效的教学资源利用

数字化体育教学通过数字化手段整合和共享教学资源，提高了教学资源的利用效率。教师可以随时随地获取和更新教学资源，学生也可以通过数字化平台自主选择和学习感兴趣的内容。例如，教师可以通过网络资源库获取最新的教学视频和资料，丰富课堂教学内容。

4. 注重互动与反馈

数字化体育教学重视师生之间、学生之间的互动与反馈。通过多种互动工具和评估手段，教师可以及时了解学生的学习情况，给予针对性的指导和反馈，促进学生的学习进步和教学质量的提高。例如，在线平台提供的即时反馈功能，可以帮助学生及时纠正错误，巩固学习效果。

5. 技术赋能教学

数字化体育教学充分利用先进的数字化技术，如虚拟现实、增强现实、人工智能等，提升教学的效果和体验。例如，通过虚拟现实技术，学生可以进行虚拟的体育场景训练，增强实战体验；通过人工智能技术，可以实现个性化的学习建议和反馈，提高学习效率。

综上所述，数字化体育教学作为一种新兴的教学模式，利用信息技术和数字化工具，提供了更加灵活、高效和个性化的体育教学方式。它不仅丰富了教学内容和资源，还增强了教学的互动性和反馈性，为学生的全面发展提供了有力支持。

二、数字化体育教学的理论依据

（一）教育信息化理论

1. 教育信息化理论的主要内容

教育信息化理论强调通过信息技术的应用，推动教育的现代化和优化，提高教育质量和效率。这一理论的核心在于利用信息技术手段，如互联网、多媒体、人工智能等，改进教学方法、优化教学资源配置和管理模式。教育信息化不仅是技术的应用，更是一种全新的教育理念和模式，旨在打破传统教育的时空限制，实现教育资源的共享与优化。

教育信息化理论还强调信息技术与教育内容的深度融合，要求教育系统在技术、内容和管理上进行全面改革。通过信息技术，教育可以实现更加个性化、互动化和灵活化的教学，为学生提供更为丰富多样的学习体验。

2. 运用教育信息化理论改革数字化体育教学

在教育信息化理论的指导下，数字化体育教学应注重信息技术的广泛应用，提升教学的智能化和互动性。教师可以通过数字化平台和工具，实现体育教学内容的在线化和多媒体化。例如，利用在线课程平台，教师可以上传体育教学视频、电子教材和互动课件，学生可以随时随地进行学习，突破传统课堂的时空限制。

通过数据分析和智能反馈系统，提供个性化的学习支持。利用学习管理系统，教师可以跟踪学生的学习数据，分析其学习进度和薄弱环节，提供有针对性的指导和反馈。通过智能评估系统，教师可以实时了解学生的练习情况和学习效果，及时调整教学策略，提高教学的针对性和有效性。

此外，教育信息化理论提倡资源共享和协作学习。教师可以通过网络平台，与其他学校和教育机构共享优质教学资源，共同开发和利用教学内容。例如，建立数字化体育教学资源库，汇集各类体育教学视频、课件和资料，供广大师生共同使用和参考。通过协作学习平台，学生可以进行跨校互动和合作，互相学习和支持，提升学习效果。

（二）建构主义学习理论

1. 建构主义学习理论的主要内容

建构主义学习理论强调学生在学习过程中不是被动地接受知识，而是通过主动参与和实践活动，积极地构建自己的知识体系，建构主义理论认为学习是一个主动构建知识的过程，信息技术可以作为工具帮助学习者进行探索和建构知识。学生的认知结构是在不断的互动和反思中建构起来的，而教师的角色是引导和促进这种知识建构过程。此外，建构主义主张在真实或模拟真实的情境中进行学习，这一观点凸显了情境性学习的重要性。通过将学习内容与具体情境紧密结合，学习者能够更深入地理解和应用知识，从而显著提高学习效果。情境学习理论认为，只有在特定的情境中，知识和技能才能得到有效的建构和应用。因此，在教学设计中，应尽可能地模拟真实的情境，为学习者提供一个身临其境的学习环境。

2. 运用建构主义学习理论改革数字化体育教学

在建构主义学习理论的基础上，数字化体育教学应当注重创建一个能够激发学生主动参与和互动的学习环境。通过利用数字化平台和工具，教师可以设计互动性强的学习活动，促使学生通过自主探索和实践，逐步构建对体育知识和技能的理解。

建构主义学习理论强调以学生为中心，学生是学习的主体，教师是学习的引导者和促进者。在数字化体育教学中，教师应注重引导学生积极参与，主动探索，通过数字化工具和资源，促进学生的主动学习和知识建构。例如，在体育技能教学中，教师可以通过在线平台提供丰富的资源，鼓励学生自主学习和实践。

通过虚拟实验室和模拟训练等技术手段，可以为学生提供一个安全且可重复的实践环境，进一步强化他们的知识建构过程。虚拟实验室能够模拟各种运动场景和比赛环境，让学生在虚拟情境中进行实践操作，从而加深对运动技能和战术的理解。模拟训练不仅可以提供逼真的运动体验，还能够记录学生的每次训练数据，帮助教师进行科学的分析和指导。

模拟真实的情境不仅能够提升学生的参与度和兴趣，还能帮助他们更好地将理论知识应用于实际体育活动中，提升学习效果。例如，通过增强现实技术，学生可以在实际运动场地上看到虚拟的指导和反馈，从而更好地理解和掌握运动技巧。情境化学习使学生能够在真实或近似真实的环境中应用所学知识，并通过不断的反思和调整，逐步提升自己的运动能力和战术水平。

通过这些措施，数字化体育教学能够在建构主义学习理论的指导下，构建一个以学生为中心的互动、实践和反思的学习环境，全面提升学生的体育素养和综合能力。教师在这一过程中，应扮演引导者和促进者的角色，帮助学生在自主探究和实践中获得更为深刻和持久的学习成果。这样，不仅可以提高教学效果，还能有效促进学生的全面发展和个性化成长。

（三）终身学习理论

1. 终身学习理论的主要内容

终身学习理论强调学习是一个持续的过程，不限于某个特定阶段，而是贯穿人的一生。该理论主张培养学生的自我学习能力和学习兴趣，使其能够适应不断变化的社会和职业需求。终身学习不仅是为了获取知识和技能，更是为了不断提升个人素质和适应能力，面对未来的各种挑战和机遇。

终身学习理论还强调学习的灵活性和自主性，倡导利用各种学习资源和手段，开展形式多样的学习活动。通过终身学习，个人可以不断更新知识、提高技能，保持与时俱进，适应快速变化的社会环境和职业需求。

2. 运用终身学习理论发展数字化体育教学

在终身学习理论的指导下，数字化体育教学应注重培养学生的自主学习能力和持续学习的习惯。通过数字化平台和工具，教师可以为学生提供丰富的学习资源和灵活的学习方式，激发学生的学习兴趣和主动性。例如，教师可以设计在线课程和学习模块，学生可以根据自己的兴趣和时间安排进行学习，自主选择学习内容和进度。

数字化体育教学还可以通过提供持续的学习支持，帮助学生在不同的学习阶段和职业生涯中获得必要的知识和技能。例如，学校可以建立在线学习社区和资源库，学生可以随时访问和利用这些资源，进行自主学习和提升。通过定期更新教学内容和资源，教师可以确保学生获得最新的知识和技能，保持与时俱进。该理论还强调学习的实用性和应用性，鼓励学生将所学知识和技能应用于实际生活和工作中。在数字化体育教学中，通过虚拟实验、模拟训练和实际操作等方式，学生可以将理论知识与实际体育活动相结合，提升实践能力和综合素质。例如，通过虚拟现实技术，学生可以在模拟环境中进行实际操作和训练，增强对运动技能和战术的理解和应用。

通过这些措施，数字化体育教学能够在终身学习理论的指导下，构建一个灵活、自主、持续的学习环境，培养学生的自主学习能力和持续学习的习惯。教师在这一过程中，应注重提供学习支持和资源，引导学生进行自主学习和实践，不断提升个人素质和适应能力。这样，不仅可以提高教学效果，还能有效促进学生的终身学习和全面发展。

三、数字化体育教学的研究现状

近年来，随着数字化技术的迅猛发展，数字化体育教学逐渐成为学术界和教育实践中的重要研究领域。以下内容将从研究热点及趋势、国内外研究现状与未来研究方向三个方面进行详细探讨。

（一）研究热点及趋势

数字化体育教学的研究热点主要集中在以下几个方面。

1. 技术应用

数字化技术的快速进步为体育教学带来了新的可能性。研究主要集中在如何将虚拟现实、增强现实、大数据、人工智能等新兴技术有效应用于体育教学中，以提升教学效果和学生参与度。例如，虚拟现实技术可以模拟真实的运动场景，让学生身临其境地学习运动技能；大数据分析可以帮助教师更精准地评估学生的体质和运动表现，从而调整教学内容和方法。

2. 教学模式创新

探讨线上线下混合教学模式、翻转课堂、慕课（MOOC）等新教学模式在体育教学中的应用。这些模式可以为学生提供灵活的学习时间和丰富的学习资源，帮助学生更好地掌握体育技能。研究表明，混合教学模式不仅能够提高学生的学习效果，还能增强他们的自主学习能力。例如，翻转课堂模式让学生在课前通过数字化平台进行自学，课堂上进行讨论和实践操作，从而提升学习效果。

3. 教学效果评估

建立科学的评价体系，研究数字化体育教学对学生体质健康、运动技能、心理健康等多方面的影响。例如，通过可穿戴设备收集学生的运动数据，评估其运动量和健康状况，进而为教师提供改进教学的依据。相关研究显示，数字化体育教学不仅可以提高学生的身体素质，还能促进其心理健康和社交能力的发展。例如，利用智能手环监测学生的运动量和心率，帮助教师调整课程强度，提高教学效果。

（二）国内外研究现状

1. 国外研究现状

国外在数字化体育教学方面的研究起步较早，已经积累了丰富的理论与实践经验。美国、欧洲等国家在数字化教学平台建设、体育教学资源库建设等方面取得了显著进展，相关研究成果已广泛应用于实际教学中。

在美国，多所高校建立了虚拟体育实验室，学生可以通过数字化平台进行体育学习和训练。例如，麻省理工学院（MIT）的 Open Course Ware 平台提供了一系列在线体育课程，学生可以通过视频和互动工具学习体育技能。此外，美国一些中小学也开始使用数字化工具进行体育教学，如利用可穿戴设备跟踪学生的运动数据，以便更好地制定个性化的体育锻炼计划。

在欧洲，一些国家积极推动数字化体育教学的研究与应用，如英国的 Open University 利用数字平台开展体育课程，取得了良好的教学效果。德国的弗赖堡大学（University of Freiburg）建立了数字化体育教学研究中心，专注于研究数字化技术在体育教学中的应用。芬兰则通过国家级教育改革项目，推动数字化体育教学资源的开发和应用，促进学生的全面发展。

在亚洲其他国家，日本和韩国在数字化体育教学方面也有一定的研究和实践。日本的一些高校和中小学开始利用数字化工具进行体育教学，韩国则通过政府支持的项目，推动数字化体育教学的普及和应用。例如，韩国教育部支持的智慧教室项目，为学校提供了先进的数字化教学设备和资源，大大提升了体育教学的质量和效果。

2. 国内研究现状

国内对数字化体育教学的研究起步较晚，但近年来发展迅速。国内学者主要从数字化技术应用、教学模式创新、教学效果评估等方面展开研究，并逐步形成了一些具有中国特色的研究成果。

在高校研究方面，北京体育大学和上海体育学院等高校在数字化体育教学领域取得了显著成果，推出了一系列数字化课程和教学资源。北京体育大学开发了基于虚拟现实技术的体育教学系统，学生可以通过虚拟环境进行体育训练和模拟比赛。上海体育学院则利用大数据技术，对学生的运动数据进行分析，帮助教师更好地了解学生的运动状况和需求。例如，北京体育大学的虚拟体育实验室让学生在虚拟环境中进行模拟比赛，极大地提升了学习效果。

在中小学应用方面，一些中小学也开始引入数字化体育教学设备和平台，为学生提供更加丰富的体育学习体验。例如，北京市的一些中小学使用可穿戴设备监测学生的运动量和心率，并通过数字化平台进行数据分析和反馈。浙江省则通过建设数字化体育教学资源库，为全省中小学提供丰富的教学资源和工具。例如，浙江省的数字化体育教学资源库整合了各类体育教学视频、课件和资料，为教师和学生提供了丰富的学习资源。

在政府支持方面，中国政府高度重视数字化体育教学的发展，出台了一系列政策和措施，推动数字化技术在教育领域的应用。

《中国教育现代化 2035》[①]提出，更加注重以德为先，更加注重全面发展，更加注重面向人人，更加注重终身学习，更加注重因材施教，更加注重知行合一，更加注重融合发展，更加注重共建共享。要大力推进教育信息化，鼓励学校利用数字化技术进行教学改革。教育部还设立了专项资金，支持数字化体育教学项目的研发和应用。教育部的教育信息化专项资金为各地学校提供了数字化体育教学设备和资源，推动了教育信息化的发展。

综上所述，数字化体育教学在国内外都取得了一定的进展，形成了丰富的研究成果和实践经验。未来，随着技术的进一步发展和应用，数字化体育教学将继续深入发展，为体育教育的改革和创新提供新的动力。在此过程中，需要加强国际合作与交流，借鉴国外的成功经验，同时结合本土实际，探索适合中国国情的数字化体育教学模式和方法。通过不断创新和优化，数字化体育教学必将为学生的全面发展和教育质量的提升做出更大的贡献。

第二节

数字化体育教学模式的构建策略

一、数字化体育教学模式的特点

（一）灵活性与互动性

数字化体育教学模式的一个显著特点是其灵活性和互动性。传

[①]　新华社. 中国教育现代化 2035［EB/OL］.（2019 - 02 - 23）［2023 - 02 - 25］. https：//www. gov. cn/zhengce/2019 - 02/23/content_5367987. htm.

统体育教学受限于固定的时间和地点，而数字化体育教学打破了这些限制，使教学活动可以在任何时间、任何地点进行。数字化体育教学通过在线平台、移动设备等方式，允许学生自主安排学习时间和地点。这种灵活的学习方式大大提高了学生的学习效率和积极性。例如，学生可以在课余时间通过手机或电脑观看体育教学视频，进行自我训练和复习。此外，教师也可以灵活地安排教学内容，根据学生的学习进度和需求，及时调整教学计划。

数字化体育教学强调师生之间、学生之间、人机之间的互动，通过多种数字化工具和平台，增强教学的互动性。例如，教师可以通过在线讨论区、实时聊天和视频会议等方式与学生进行互动和交流，解答学生的问题，提供即时反馈。学生之间也可以通过在线平台进行合作学习和互动，分享学习经验和心得，互相帮助和支持。这种高度互动的学习环境，不仅提高了学习效果，还增强了学生的参与感和学习兴趣。

（二）个性化与自适应性

数字化体育教学模式的另一个重要特点是其个性化和自适应性。通过数字化技术，教师可以根据每个学生的个性需求和学习特点，提供量身定制的教学内容和学习支持。数字化体育教学通过大数据分析和人工智能技术，精准了解每个学生的学习进度和薄弱环节，提供个性化的学习建议和训练计划。例如，利用学习管理系统，教师可以跟踪学生的学习数据，根据数据分析结果，为每个学生制定个性化的学习方案，帮助学生更好地掌握体育技能。通过个性化的教学，学生能够在适合自己的学习节奏中，积极发挥潜力，提高学习效果。

数字化体育教学系统可根据学生的学习表现和反馈，自动调整教学内容和难度，使其更加符合学生的实际需求。例如，自适应学习系统可根据学生在练习中的表现，自动推荐适合的练习题和学习资源，帮助学生逐步提升技能水平。这种自适应性的教学方式，不仅能提高学习的有效性，还能增强学生的学习体验和满意度。

（三）数据驱动与实时反馈

数据驱动和实时反馈是数字化体育教学模式的核心特点，通过数据分析和智能反馈，教师可以更好地了解学生的学习状况，及时进行教学调整和改进。数字化体育教学利用各种数字化工具和设备，收集和分析学生的学习数据，包括学习时间、练习次数、测试成绩、运动数据等。通过大数据分析，教师可以全面了解学生的学习情况，发现学习中的问题和不足，及时进行教学调整。例如，通过可穿戴设备，教师可以实时监测学生的运动数据，了解其运动量和运动强度，根据数据分析结果，调整训练计划和教学内容，确保教学的科学性和有效性。

数字化体育教学系统还可以提供即时的学习反馈，帮助学生了解自己的学习效果和进步情况。例如，通过在线测验和练习系统，学生可以即时得到测试结果和反馈，了解自己的正确率和错误情况，及时进行纠正和改进。教师也可以通过系统实时查看学生的学习进度和表现，提供针对性的指导和支持。实时反馈不仅提高了教学的互动性和有效性，还增强了学生的学习动力和成就感。

二、数字化体育教学模式的设计原则

随着数字化技术的迅猛发展，数字化体育教学模式在教学实践中逐渐成熟。为了确保数字化体育教学模式的有效实施，需要遵循以下设计原则。

（一）以学生为中心

数字化体育教学模式的首要原则是以学生为中心，强调学生在教学过程中的主体地位。传统教学模式往往以教师为中心，学生被动接受知识，而数字化体育教学通过各种数字化工具和平台，促进学生的主动学习和深度参与。

在以学生为中心的教学模式中，教师的角色从知识的传授者转变为学习的引导者和促进者。教师需设计灵活多样的学习活动，激发学生的学习兴趣和积极性。例如，通过在线平台提供丰富的学习资源，如教学视频、互动课件和虚拟实验室，可根据学生的兴趣和需要，自主选择学习内容和进度。这种个性化的学习方式不仅能提升学生的学习效果，还培养了他们的自主学习能力和创新思维。

此外，数字化体育教学模式注重学生之间的合作与互动。通过在线讨论区、小组项目和合作学习活动，学生可以分享学习经验和观点，互相帮助和支持，增强团队合作精神和社交能力。

（二）技术与教学的深度融合

数字化体育教学模式的另一重要原则是技术与教学的深度融合。数字化技术为体育教学提供了丰富的工具和资源，但这些技术只有与教学目标和教学内容紧密结合，才能真正发挥其作用。

在设计数字化体育教学模式时，教师应根据教学目标和内容，选择适合的数字化工具和平台，确保技术的应用能够有效支持教学活动。例如，在教授运动技能时，可以利用虚拟现实技术，模拟真实的运动场景，让学生在虚拟环境中进行练习和体验，增强学习的直观性和实用性。通过增强现实技术，教师可以在实际运动场地上叠加虚拟的指导和反馈，帮助学生更好地掌握运动技巧。

此外，数字化体育教学模式应注重数据的收集和分析，通过学习管理系统和可穿戴设备，实时监测学生的学习进度和运动表现。教师可以利用这些数据，进行科学的分析和评估，及时调整教学内容和方法，提高教学的针对性和有效性。

（三）持续改进与优化

数字化体育教学模式的第三个原则是持续改进与优化。数字化技术和教育环境不断变化，数字化体育教学模式需要不断进行调整和优化，以适应新的需求和挑战。

在教学实践中，教师应不断反思和总结教学经验，积极收集学生的反馈意见，及时发现和解决教学中存在的问题。通过开展教学研究和实验，探索新的教学方法和策略，不断改进和完善教学模式。例如，教师可以通过教学评估和数据分析，了解学生的学习效果和满意度，发现教学中的不足之处，进行有针对性的改进和调整。此外，数字化体育教学模式的优化还需要依赖技术的进步和创新。教师应保持对新技术的敏感度，积极学习和应用新的数字化工具和平台，提升自己的信息素养和教学能力。

三、数字化体育教学模式的构建步骤

（一）需求分析与教学目标设定

构建数字化体育教学模式的首要步骤是进行全面的需求分析与教学目标设定。需求分析旨在了解教材内容、学生情况以及社会发展需求，从而明确数字化体育教学模式的具体要求。教学目标应具体、可测量，并与学校的整体教育目标相一致。

1. 分析教材内容

教材是教学活动的基础，包含了学生需要学习的知识点。教学目标的设定需要紧密结合教材内容，确保学生能够掌握教材中的核心概念、原理和技能。通过详细分析教材内容，教师可以识别教学的重点和难点，设计相应的教学活动和评估标准，确保学生能够系统地掌握所需的知识和技能。教材分析还需要考虑其内容的广度和深度，确保教学目标涵盖所有关键知识点，同时避免内容过于庞杂而导致学生难以消化。教师应评估教材内容的更新和发展趋势，确保教学内容与时俱进，符合最新的学术和实践标准。

2. 分析学生情况

学生的年龄、认知水平、先前知识和经验等都会影响教学目标的设定。教师需要全面了解学生的实际情况，制定适合他们发展水平和需求的教学目标。通过收集和分析学生的背景数据，教师可以确定学生在学习过程中的优势和不足，从而制定具有针对性的教学策略。学生分析应包括对学生学习风格的评估，了解他们在不同学习环境中的表现，以及他们在体育学习中的兴趣和动机。通过这种全面的分析，教师可以制定个性化的教学目标，确保每个学生都能在适合自己的节奏中取得最佳的学习效果。

3. 分析社会发展需求

教育不仅是传授知识，还要培养能够适应社会需求的公民。因此，教学目标的设定需要考虑社会对人才的要求，包括批判性思维、创新能力、团队协作能力等。通过分析社会发展趋势和职业需求，教师可以将这些素质和能力融入体育教学中，制定综合性、发展性的教学目标，帮助学生更好地适应未来的社会和职业环境。社会需求分析应包括对当前和未来职业市场的研究，了解哪些技能和知识在未来最为重要，从而将这些内容纳入教学目标中。此外，还应考虑社会对体育文化和健康管理的需求，确保学生在学习过程中不仅掌握体育技能，还能够理解和应用健康生活方式和体育精神。

（二）资源整合与平台建设

在完成需求分析和目标设定后，下一步是资源整合与平台建设。这一步骤的关键在于整合现有资源，建设高效的数字化教学平台，为数字化体育教学提供坚实的基础。

1. 资源整合

资源整合是数字化体育教学模式建设的基础。整合学校内外的教学资源，包括课程资源、教学视频、虚拟实验室、运动场地等。与外部教育机构和企业合作，共享优质教学资源，丰富教学内容。建立数字化教学资源库，方便教师和学生随时查阅和使用。资源整合过程中需评估和选择最优质的资源，确保其符合教学目标和学生需求。同时，资源整合还应考虑资源的更新和维护，确保其长期有效性和适用性。

2. 平台建设

平台建设是实现数字化体育教学的技术保障。建设高效的数字化教学平台，为教师和学生提供便捷的教学和学习环境。数字化教学平台应具备多种功能，包括课程管理、学生管理、教学评估、互动交流等。平台应支持多种设备的接入，如电脑、平板、手机等，确保学生可以随时随地进行学习。平台建设应注重用户体验和操作便利性，确保教师和学生能够轻松上手和使用。平台的安全性和稳定性也至关重要，需确保数据的安全和隐私保护。

3. 技术支持与培训

为确保数字化教学平台的有效运行，需要提供全面的技术支持和培训。对教师进行数字化技术和教学平台使用的培训，帮助他们掌握相关技能和工具。为学生提供使用指导，确保他们能够熟练操作数字化学习平台。技术支持应包括日常使用中的问题解决和紧急情况的应对。培训应持续进行，随着平台功能的更新和技术的发展，不断提升教师和学生的数字化素养和技能。

（三）教学实施与评估反馈

在完成资源整合与平台建设后，进入教学实施与评估反馈阶段。这一步骤的重点在于将数字化体育教学模式付诸实践，并通过科学的评估和反馈机制不断优化和改进。

1. 教学实施

根据设定的教学目标和整合的资源，开展数字化体育教学活动。教师应充分利用数字化教学平台和工具，设计互动性强、参与度高的教学活动。教师应注重激发学生的学习兴趣和积极性，促进他们的主动参与和实践。教学实施需要详细的计划和准备，确保每一节课都能达到预期的教学效果。同时，教师应灵活应对课堂上的突发情况，根据学生的反馈和表现，及时调整教学方法和内容。

2. 评估反馈

建立科学的评估反馈机制，对教学效果进行全面评估。评估内容应包括学生的学习效果、教师的教学效果以及教学平台的运行情况。通过问卷调查、在线评估、数据分析等方式收集评估数据，及时发现问题和不足。根据评估结果，进行有针对性的调整和改进，确保数字化体育教学模式的持续优化和提高。评估应注重多维度和全方位，既要看学生的考试成绩，也要关注他们的实际技能和综合素质的提升。同时，评估结果应及时反馈给教师和学生，帮助他们了解学习和教学中的问题和改进方向。

3. 持续改进

教学实施过程中，教师应不断反思和总结教学经验，积极参与教学研究和实验，探索新的教学方法和策略。通过持续的改进和优化，逐步完善数字化体育教学模式，提高教学效果和学生满意度。持续改进需要建立一个常态化的机制，定期进行教学反思和交流，分享经验和成果。同时，教师应保持学习的态度，不断更新自己的知识和技能，适应数字化教学的快速发展。

第三节

基于人工智能的混合式体育教学模式

在现代教育技术的快速发展中，人工智能作为一种前沿技术，正在为各个领域带来深刻的变革。人工智能是数字化技术的一种高级表现形式。数字化技术通常涉及将信息、数据和资源转换为数字格式，以便于存储、处理、传输和展示。而人工智能则是在此基础上，通过模拟人类智能的算法和系统，实现对数据的深度分析、学习和决策。体育教学也不例外，基于人工智能的混合式教学模式成为数字化体育教学的一种重要创新应用。本节将探讨人工智能混合式体育教学模式的特点、优势以及具体应用。

一、人工智能在混合式教学模式应用中的特点

基于人工智能的混合式体育教学模式融合了传统教学与智能技术，呈现出以下三个显著特点。

（一）人机协同教学

人工智能混合式体育教学模式的核心特点之一是人机协同教学。通过将人工智能技术与教师的专业指导相结合，实现教学过程的智能化与个性化。[①] 人工智能系统在教学过程中扮演辅助教师的

---

① 方海光，李海芸. 人机协同课堂教学理论与实践研究［J］. 中国现代教育装备，2022（4）：1-4.

角色，提供实时的数据分析、智能反馈和个性化建议。例如，人工智能教练系统可以实时监测学生的运动表现，提供科学的动作建议和纠正措施，帮助学生提高运动技能。这种人机协同的教学方式，不仅提升了教学效率，还增强了教学的精准性和科学性。

（二）智能化学习分析

通过大数据和机器学习技术，人工智能系统能够对学生的学习行为和表现进行全面分析，生成个性化的学习报告。智能化学习分析包括对学生运动数据的收集和处理，如运动轨迹、速度、力量等。通过这些数据，系统可以评估学生的运动水平，发现学习中的薄弱环节，为教师提供有针对性的教学建议。同时，智能化学习分析还可以追踪学生的学习进度，预测学习趋势，帮助教师及时调整教学策略，提高教学效果。

（三）个性化教学方案

人工智能系统能够根据学生的个体差异和学习需求，定制个性化的教学内容和训练计划。通过对学生数据的深入分析，人工智能系统能够识别每个学生的优势和不足，提供个性化的练习方案。例如，在体育训练中，人工智能系统可以为不同体质、不同技能水平的学生制定不同的训练计划，确保每个学生都能在适合自己的节奏中进步。个性化教学方案不仅提高了教学的针对性和有效性，还激发了学生的学习兴趣和主动性，促进了学生的全面发展。

综上所述，人工智能混合式体育教学模式通过人机协同教学、智能化学习分析和个性化教学方案，实现了体育教学的智能化和个性化，为提升教学质量和学生学习效果提供了新的路径。这种教学模式不仅符合现代教育的发展趋势，还为体育教育的创新和改革提供了广阔的空间。

二、人工智能在混合式教学模式中应用优势

人工智能混合教学模式在现代教育中展现出诸多优势。它不仅优化了教学过程，还显著提升了教学效果和学生的学习体验。以下内容将详细探讨人工智能混合教学模式在体育教学中的主要优势。

（一）提高教学效率

人工智能混合教学模式通过多种手段显著提高了体育教学的效率。通过人工智能技术的应用，教学管理、资源分配和教学反馈等各个环节都得到了极大的优化，使得教学过程更加高效、科学和系统化。

1. 自动化管理

人工智能系统可以自动化处理大量教学管理任务，如课程安排、学生出勤记录和成绩管理等。这些任务传统上需要大量人力资源，人工智能系统的引入有效减轻了教师的负担，使他们能够将更多精力集中在教学本身。自动化管理不仅提高了工作效率，还减少了人为错误的发生，提高了管理的精确性和可靠性。

2. 实时数据分析与反馈

人工智能技术能够实时收集和分析学生的运动数据，提供即时反馈。这种实时反馈机制可以帮助教师迅速调整教学策略，确保每个学生都能得到及时和适当的指导。例如，人工智能教练系统可以实时分析学生的运动表现，并提供个性化的改进建议，从而加速学生的技能掌握和提升。通过实时数据分析，教师能够更准确地了解学生的学习进度和效果，从而制定更加科学合理的教学计划。

3. 优化教学内容与进度

通过大数据分析，人工智能系统可以识别学生的学习模式和进

度，自动调整教学内容和进度，以适应不同学生的需求。这种个性化的教学安排不仅提高了学生的学习效率，也避免了教学资源的浪费，使每个学生都能在适合自己的节奏中学习和进步。优化教学内容和进度能够有效提升学生的学习体验和学习效果，确保教学目标的实现。

（二）增强学习体验

人工智能混合教学模式在增强学生学习体验方面具有显著优势。通过智能技术的应用，教学过程变得更加互动和沉浸，学生的学习兴趣和参与度显著提升。

1. 互动性与沉浸式学习

人工智能技术为学生提供了更多互动和沉浸式学习的机会。例如，通过虚拟现实技术和增强现实技术，学生可以在虚拟环境中进行实践和训练，获得更加真实和生动的学习体验。这不仅提高了学生的学习兴趣，还增强了他们对知识和技能的理解和记忆。互动性学习能够激发学生的学习热情，使他们在学习过程中更加投入和专注。

2. 个性化学习支持

人工智能系统能够根据每个学生的学习情况提供个性化的学习支持，包括定制化的学习计划、个性化的练习建议和专门的辅导资源。这种个性化的学习支持使学生能够根据自己的学习进度和需求进行学习，极大地提高了学习的效果和满意度。个性化学习支持不仅能够满足学生的个性化需求，还能够帮助他们克服学习中的困难和挑战，提升学习效果。

3. 丰富的学习资源与工具

人工智能技术为学生提供了丰富的学习资源和工具，如在线教学视频、互动课件和虚拟实验室等。这些资源和工具不仅扩展了学生的学习渠道，也增强了他们的学习体验和参与度。例如，学生可以通过在线平台观看体育教学视频，进行互动练习，并在虚拟实验室中进行模拟训练，从而全面提升他们的学习效果。丰富的学习资源和工具能够有效支持学生的自主学习和实践，提升学习效果。

（三）精准化教学评估

人工智能混合教学模式在教学评估方面展现出极高的精准性和科学性。通过智能技术的应用，教学评估变得更加全面和准确，为教学改进提供了科学依据。

1. 数据驱动的评估体系

通过大数据和机器学习技术，人工智能系统可以对学生的学习数据进行全面分析，生成详细的评估报告。这种数据驱动的评估体系能够准确反映学生的学习效果和进步情况，为教师提供科学的教学决策依据。例如，人工智能系统可以通过分析学生的运动数据，评估他们的技能水平和身体素质，并为教师提供有针对性的教学建议。数据驱动的评估体系能够有效提升教学评估的科学性和准确性，确保教学质量的持续提升。

2. 实时监控与反馈

人工智能技术使得实时监控和反馈成为可能。教师可以通过人工智能系统实时监控学生的学习进度和表现，并在必要时提供即时反馈和指导。这种实时监控和反馈机制不仅提高了教学的及时性和有效性，也帮助学生及时纠正错误，改进学习方法。实时监控与反馈能够有效提升学生的学习效果和学习体验，确保教学目标的实现。

3. 多维度综合评估

人工智能系统能够进行多维度的综合评估，包括知识掌握、技能应用、身体素质和心理健康等方面。这种综合评估方式不仅提供了更全面的评价结果，也为教师和学生提供了更具体和多样的改进建议。例如，通过可穿戴设备收集的数据，人工智能系统可以评估学生的运动量、心率和身体状况，从而为教师提供更全面的评估报告，帮助学生全面提升自己。多维度综合评估能够全面反映学生的学习效果和综合素质，为教学改进提供科学依据。

综上所述，人工智能混合教学模式通过提高教学效率、增强学习体验和精准化教学评估，显著提升了体育教学的质量和效果。这种模式不仅为教师提供了强大的技术支持，也为学生提供了丰富的学习资源和个性化的学习体验，从而全面促进了体育教育的创新和发展。

三、人工智能在混合式教学模式中的应用

基于人工智能的混合式教学模式在体育教学中的应用已逐渐成熟，并且在实际教学中取得了显著成效。以下将通过具体应用，探讨人工智能技术如何在混合式教学模式中有效应用于体育教学，提升教学质量和学生学习体验。

（一）人工智能教练系统在混合式技能训练中的应用

人工智能教练系统在混合式教学模式中，通过在线和线下结合的方式，显著提升了运动技能训练的效果，智能判断和反馈在其中发挥了重要作用。

1. 线上实时监测与线下指导相结合

人工智能教练系统利用摄像头、传感器和可穿戴设备等技术，实时监测学生的运动动作和表现。线上系统能够捕捉并分析学生的投篮姿势、跳跃高度和移动速度，并生成详细的运动报告。教师可以在线上查看这些报告，并在线下的实际训练中进行针对性的指导，结合实际情况进行调整和优化。这种模式解决了传统体育教学

中难以实时评估和反馈的问题。

2. 个性化训练建议与混合学习方案

根据实时分析的数据，人工智能教练系统能够为每个学生提供个性化的训练建议。例如，如果系统检测到学生在投篮过程中存在动作偏差，便会提出相应的纠正方案，如调整手腕角度或增加腿部力量训练。学生可以在线上平台查看这些建议，并在线下训练中实践和改进。通过这种线上线下结合的训练模式，学生在适合自己的节奏中进步，全面提升运动技能。

3. 反馈与持续调整

人工智能教练系统不仅提供实时反馈，还能根据训练效果和学生进展，持续调整训练计划。例如，学生在某一训练项目中取得了显著进步，系统会自动提升训练难度，增加挑战性；如果学生遇到困难，系统则会提供更多基础训练和辅助练习，帮助学生巩固基础技能。通过持续的反馈和调整，人工智能教练系统确保训练计划的科学性和适应性，帮助学生在不断挑战自我的过程中，逐步提升运动技能和体能水平。

（二）智能评估系统在混合式体育测试中的应用

智能评估系统在混合式教学模式中，通过线上数据分析和线下实践测试相结合，提高了评估效率和准确性，体现了教学过程的智能化和科学性。

1. 线上自动化数据采集与线下测试相结合

智能评估系统通过传感器和可穿戴设备，自动采集学生在体育测试中的各种数据，如跑步速度、跳远距离、心率变化等。这些数据被实时传输到人工智能平台，进行自动化处理和分析，生成详细的评估报告。学生可以在线上查看评估结果，并在线下实际测试中验证和改进自己的表现。通过智能评估，解决了传统测试中数据收集不完整、分析不及时的问题。

2. 多维度评估与综合反馈

智能评估系统不仅评估学生的体能和运动技能，还能综合分析他们的健康状况和运动表现。例如，系统结合学生的体质测试数据、运动历史记录和当前体能状态，进行多维度的评估，发现学生的优势和不足，为教师提供全面的教学建议。通过线上数据分析和线下实践结合，教师能够为学生制定更加科学的教学计划，提升教学效果。

3. 实时反馈与改进建议

在评估过程中，智能评估系统能够实时提供反馈，帮助学生及时调整自己的运动策略。例如，在长跑测试中，系统根据学生的心率和步频数据，建议调整跑步速度和节奏，以达到最佳运动效果。系统还根据评估结果，提供改进建议和训练计划，帮助学生逐步提升体能和运动技能。通过智能化的反馈和指导，增强了评估的准确性和实用性。

第四章

数字化技术在高等学校
体育教学中的应用

第一节
虚拟现实在体育教学中的应用

虚拟现实技术在体育教学中的应用能够创造出高度沉浸式和互动性的学习环境，使学生能够在虚拟世界中进行各种体育训练和模拟比赛。通过虚拟现实技术，学生可以在安全且可控的环境中进行复杂的运动技能训练和战术演练，极大地提高了学习效果和实践能力。同时，虚拟现实技术还可以用于复原历史体育赛事，帮助学生更直观地理解体育文化和历史背景。这种技术的引入不仅丰富了体育教学的手段，还提升了教学的趣味性和参与度。

一、虚拟现实技术的工作原理与特征

（一）虚拟现实技术的解读
虚拟现实技术是一种通过计算机模拟生成三维环境，使用户通过专门设备如头戴式显示器沉浸在虚拟世界中的技术。[①] 在这一虚拟环境中，用户可以通过视觉、听觉和触觉等多种感官进行互动和体验。虚拟现实技术最早在 20 世纪 60 年代已提出，随着计算机图形学、传感技术和显示技术的快速发展，近年来，虚拟现实技术在教育、医疗、娱乐和体育等多个领域得到了广泛应用。其主要目的是通过创造一个沉浸式的虚拟环境，增强用户的感官体验和互动能力，使其在虚拟世界中获得类似于现实世界的体验。

（二）虚拟现实技术的核心组件与工作原理

1. 虚拟现实技术的核心组件

头戴式显示器。头戴式显示器是虚拟现实系统的主要设备，包含显示屏和传感器，用户通过佩戴头戴式显示器进入虚拟环境[②]。头戴式显示器提供立体视角和宽广视野，使用户获得沉浸式体验。现代头戴式显示器还具备高刷新率和高分辨率的特点，确保视觉效果的流畅和清晰。其主要功能是通过立体视觉技术，使用户在视觉上感受到虚拟环境的真实感，增加沉浸感。

运动传感器。运动传感器包括加速度计、陀螺仪和磁力计，用于捕捉用户的头部和手部运动。传感器的精确度直接影响虚拟环境中的互动体验。高精度的传感器能够实时捕捉细微的动作变化，确保虚拟环境的实时响应。这些传感器通过捕捉用户的身体动作，将数据传输给系统，从而使虚拟环境能够作出相应的动态反馈。

输入设备。输入设备如手持控制器、数据手套或全身动作捕捉系统，用于用户在虚拟环境中的交互操作。这些设备捕捉用户的手

---

① 姜学智，李忠华. 国内外虚拟现实技术的研究现状［J］. 辽宁工程技术大学学报（自然科学版），2004，23（2）：238－240.

② 吕向博. 轻量化头戴显示器光学系统的研究［D］. 上海：中国科学院上海光学精密机械研究所，2016.

部动作、步态和身体姿势，增强了用户与虚拟环境的互动性。现代输入设备还具备触觉反馈功能，提升用户的操作感知。这些设备通过检测用户的运动并将其传输到系统，使用户可以自然地与虚拟环境进行互动。

计算机和软件。计算机和软件负责生成和管理虚拟环境，处理用户输入并提供实时反馈。高性能计算机和专业软件是实现高质量虚拟现实体验的基础。强大的图形处理能力和先进的算法确保虚拟环境的逼真度和互动性。计算机通过复杂的算法处理来自传感器和输入设备的数据，从而生成实时的虚拟环境和反馈。

2. 工作原理

虚拟现实技术的工作原理涉及多个关键环节，包括数据采集、数据处理、视角更新和互动反馈。这些环节相互配合，共同创造出高度沉浸式的虚拟体验。

数据采集。虚拟现实系统通过运动传感器和输入设备，实时捕捉用户的动作数据。这些数据包括用户的头部转动、手部动作和身体姿势等。运动传感器通常包括加速度计、陀螺仪和磁力计等，能够精确捕捉用户的微小动作变化。例如，当用户在虚拟环境中转动头部时，传感器会实时捕捉这一动作并将数据传输到计算机系统。同时，输入设备如手持控制器和数据手套则记录用户的手部动作和其他交互行为。这些数据的实时采集确保了用户在虚拟环境中的每一个动作都能被准确记录和反映，从而使用户感受到强烈的存在感和参与感。

数据处理。计算机根据采集到的数据，计算用户在虚拟环境中的位置和动作，并实时生成相应的虚拟场景和互动反馈。数据处理的关键在于将复杂的运动数据转化为虚拟环境中的动态反馈，从而确保用户体验的流畅性和准确性。计算机需要具备强大的处理能力和先进的算法，以实时处理大量的运动数据并生成高质量的图像和反馈。例如，当用户在虚拟环境中移动或执行动作时，计算机会根据传感器数据计算出用户的位置和动作轨迹，并据此调整虚拟场景中的视角和对象位置。通过高效的数据处理，虚拟环境能够迅速响应用户的动作变化，从而提供流畅且自然的互动体验。

视角更新。视角更新是虚拟现实技术实现沉浸感的重要环节。头戴式显示器显示屏根据用户的头部运动，实时更新虚拟环境的视角，使用户获得与现实世界一致的视觉体验。高刷新率和低延迟的显示技术确保视角更新的流畅性和自然性。当用户转动头部时，传感器会捕捉这一动作并将数据传输到计算机，计算机会立即计算出新的视角并在头戴式显示器显示屏上显示出来。通过这种实时的视角更新，用户能够感受到虚拟环境中的每一个细节变化，从而增强了沉浸感。例如，当用户在虚拟环境中转动头部看向不同方向时，虚拟环境中的视角会立即改变，使用户感受到仿佛置身于真实的场景中。这种实时响应和视角更新不仅提高了视觉体验的真实性，还能有效减少眩晕感和不适感。

互动反馈。通过输入设备，用户可以在虚拟环境中进行各种互动操作，系统实时响应并提供相应的反馈。互动反馈是虚拟现实技术的重要特征之一，能够显著增强用户的沉浸感和操作感知。例如，当用户在虚拟环境中使用手持控制器操作对象时，系统会根据用户的动作提供相应的反馈，如物体的移动、旋转或其他变化。触觉反馈技术进一步提升了互动体验，通过在输入设备上集成振动或压力传感器，使用户能够感受到物体的质感和力量。音频反馈也是增强沉浸感的重要手段之一，通过 3D 音效技术，用户可以感受到来自不同方向的声音，从而进一步增强了空间感和临场感。互动反馈的实时性和精准性确保了用户在虚拟环境中的每一个操作都能得到及时和准确的反馈，从而提升了互动体验的真实性和沉浸感。

通过数据采集、数据处理、视角更新和互动反馈这几个关键环节，虚拟现实技术能够为用户提供高度沉浸和互动的虚拟体验。数据采集和处理确保了用户的每一个动作都能被准确记录和反映，视角更新和互动反馈则通过实时响应用户的动作变化，提供流畅且自然的视觉和操作体验。这些环节的有机结合，使得虚拟现实技术不仅在娱乐和游戏领域得到了广泛应用，也在教育、医疗、军事训练等领域展现出巨大的潜力和应用前景。在体育教学中，虚拟现实技术的应用能够提供一个安全、可控的训练环境，使学生在虚拟环境中反复练习复杂或危险的动作，从而提高技能水平和训练效果。通过不断优化和完善这些技术环节，虚拟现实技术将继续推动虚拟现实体验的发展，为用户提供更加逼真和丰富的虚拟世界。

（三）虚拟现实技术的主要特征

1. 沉浸感

虚拟现实技术通过立体显示、广角视野和高分辨率图像，提供高度沉浸的虚拟体验。用户在虚拟环境中感觉身临其境，完全沉浸在虚拟世界中。这种沉浸感主要源于头戴式显示器的使用，它能为用户提供全视野的三维立体图像。此外，增强沉浸感的技术还包括3D音效和触觉反馈。3D音效通过精确定位和动态音效，使用户能够感受到来自不同方向的声音，如同置身于真实环境中。而触觉反馈则通过手持控制器和数据手套等设备，提供物体接触、抓取和移动的真实感，使用户的感官体验更加全面和逼真。例如，在体育训练中，学生可以通过虚拟现实设备感受到球的重量和质感，进一步提升训练的真实感和效果。

2. 交互性

虚拟现实技术允许用户通过手持控制器、数据手套等设备，与虚拟环境进行多种形式的互动。用户可以在虚拟环境中进行操作、实验和游戏，增强了学习和训练的参与度。高精度的传感器和实时反馈系统确保用户的每一个动作都能在虚拟环境中得到准确响应。例如，在虚拟实验室中，学生可以通过手持控制器进行化学实验、机械操作等，仿佛置身于真实实验室。体育教学中，学生可以使用数据手套模拟投掷、击打等动作，系统会实时反馈这些动作的效果，从而提高训练的精确度和效果。交互性的增强不仅提高了用户的参与度，还能有效提高学习和训练的效果。

3. 可重复性

在虚拟现实环境中，用户可以反复进行同样的训练或实验，不受时间和场地限制。这对于体育训练中的高难度动作或危险项目尤为重要，学生可以在安全的虚拟环境中反复练习，直到掌握技能。可重复性还允许教师根据学生的表现进行实时调整和优化训练计划。例如，在高空跳水训练中，学生可以在虚拟环境中反复进行跳水练习，逐步熟悉和掌握动作要领，而不必担心现实中的风险。对于复杂的体育动作，如体操中的高难度翻转，学生可以通过虚拟现实技术不断重复练习，逐步提高动作的准确性和稳定性。虚拟现实技术的可重复性确保了训练的连续性和有效性，显著提高了教学和训练的质量。

4. 安全性

虚拟现实技术提供了一个安全的训练环境，用户可以在不受伤的情况下进行各种高风险运动项目的训练。通过模拟真实运动场景，学生可以安全地练习复杂或危险的动作。例如，在赛车训练中，学生可以在虚拟赛道上进行高速驾驶练习，而无须担心现实中的事故风险。虚拟环境中的安全性还体现在防止现实中的意外伤害和事故，使学生在训练中更加自信和放松。例如，滑雪训练中，学生可以在虚拟雪道上反复练习各种高难度动作，而无须担心摔伤或碰撞。通过这种安全的训练环境，学生可以更大胆地尝试新动作和技巧，从而加快学习进度和提高技能水平。

5. 个性化

虚拟现实技术可以根据用户的需求和能力，提供个性化的训练计划和教学内容。系统可以实时调整训练难度和内容，满足不同学生的学习需求，提高教学效果。个性化还体现在系统可以根据学生的进度和反馈，自动生成适合他们的学习和训练路径。例如，在英语口语训练中，系统可以根据学生的发音和语速，实时调整对话难度和内容，提高学生的学习效果。在体育训练中，系统可以根据学生的体能和技术水平，提供个性化的训练计划，帮助他们逐步提高技能。例如，对于初学者，系统可以设置较低的难度和简单的动作，而对于高级学员，则可以增加动作的复杂性和训练强度。此外，虚拟现实技术还可以记录和分析学生的训练数据，提供详细的反馈和改进建议，帮助学生不断优化和提升训练效果。通过个性化的训练计划和反馈，虚拟现实技术不仅提高了学习和训练的效率，还能满足不同学生的个性化需求，促进他们的全面发展。

综上所述，虚拟现实技术在体育教学中的应用具有显著的沉浸感、交互性、可重复性、安全性和个性化等特征。这些特征不仅提高了体育教学的效果和质量，还为学生提供了更加丰富和多样的学习体验。

二、虚拟现实技术在体育教学中的优势

（一）增强学习体验与参与度

虚拟现实技术通过其独特的沉浸感和交互性，显著增强了学生的学习体验和参与度。传统体育教学受限于场地、时间和设备等因素，而虚拟现实技术打破了这些限制，使学生能够在虚拟环境中进行各种体育活动。

虚拟现实技术通过高度逼真的三维图像和立体音效，创造出一个完全沉浸的学习环境。学生佩戴头戴式显示器后，仿佛置身于真实的运动场景中，能够更直观地感受和理解运动技巧和策略。这种沉浸式体验不仅提高了学习的趣味性，还增强了学生的专注度和投入度。例如，学生可以在虚拟篮球场上练习投篮，通过虚拟教练的指导进行动作纠正。互动性学习方式使学生能够通过实践和反馈不断改进自己的运动技能，提高学习效果。

此外，虚拟现实技术支持丰富多样的教学内容和形式，教师可以根据教学需要设计不同的虚拟场景和训练任务。无论是模拟比赛环境、运动技能训练，还是战术演练，虚拟现实技术都能够提供相应的支持，满足不同教学目标和学生需求。通过这些多样化的教学内容，学生能够获得更全面的体育教育体验。例如，在模拟比赛中，学生可以体验真实比赛的紧张氛围，学会在高压环境下保持冷静和作出快速反应。这不仅提高了学生的运动技能，也培养了他们的心理素质和应对能力。

虚拟现实技术还允许教师进行实时互动和个性化指导。教师可以在虚拟环境中实时观察学生的表现，提供即时反馈和建议。例如，在虚拟游泳训练中，教师可以观察学生的泳姿和呼吸节奏，及时指出问题并提供纠正建议。通过这种个性化的指导，学生能够更快地掌握运动技能，提高训练效果。此外，教师还可以利用虚拟现实技术进行远程教学，打破地域限制，使更多学生受益于高质量的体育教学资源。

（二）提供安全的训练环境

体育教学中的一些运动项目具有较高的风险，学生在实际训练中容易受伤。虚拟现实技术为学生提供了一个安全的训练环境，减少了训练过程中的安全隐患。

1. 无风险的训练场景

在虚拟环境中，学生可以进行各种高风险的运动项目，如高空跳水、滑雪、拳击等，而无须担心受伤。通过在虚拟环境中反复练习，学生可以逐渐掌握这些项目的技巧和要领，然后再在真实环境中进行训练。例如，在啦啦操中腾空翻转跳跃训练中，学生可以在虚拟环境中反复练习翻转跳跃动作，掌握身体姿态和翻转技巧。虚拟环境中的安全性使学生能够大胆尝试高难度动作，逐步提高技能水平。

2. 模拟突发情况

虚拟现实技术还可以模拟各种突发情况和复杂环境，让学生在安全的虚拟环境中进行应对练习。例如，在足球训练中，教师可以通过虚拟现实模拟不同的比赛情景和对手策略，让学生学会如何在压力下作出正确决策和反应。通过模拟突发情况，学生能够提高应对突发事件的能力，培养快速反应和决策能力。例如，在虚拟篮球比赛中，系统可以模拟对手突然变换战术的情景，学生需要迅速调整自己的策略，适应新的比赛形势。

3. 减少设备损耗

一些体育训练需要昂贵的设备，频繁使用容易造成设备损耗。通过虚拟现实技术，学生可以在虚拟环境中进行训练，减少对真实设备的依赖和损耗，降低教学成本。例如，在虚拟射击训练中，学生可以使用虚拟枪支进行瞄准和射击练习，而无须消耗实际弹药和设备。虚拟训练不仅节省了成本，还保护了设备的使用寿命，提高了教学的经济效益。

（三）促进个性化教学

虚拟现实技术的一个重要优势是能够提供个性化的教学内容和训练方案，根据学生的个人特点和需求进行定制化教学。虚拟现实系统能够根据学生的体能状况、技术水平和学习进度，自动生成个性化的训练计划。系统通过实时监测和分析学生的运动数据，动态调整训练内容和强度，确保每个学生都能在适合自己的节奏下进行训练。

在虚拟环境中，虚拟现实系统可实时监测学生的动作和表现，并提供即时的反馈和指导。例如，当学生在进行跑步训练时，系统可实时分析他们的跑姿，提供纠正建议。及时的反馈和指导有助于学生迅速改正错误动作，提高训练效果。例如，在虚拟网球训练中，系统可以分析学生的挥拍动作，提供详细的技术指导，帮助学生纠正错误动作，优化击球技巧。

此外，虚拟现实技术还可以记录学生的训练数据，生成详细的训练报告。教师可根据这些数据，全面了解学生的训练情况和进步，制订更加科学合理的训练计划。例如，系统可以记录学生的跑步速度、心率和步幅，生成详细的训练报告，帮助教师分析学生的体能状况和训练效果。通过这些数据，教师可以及时调整训练计划，确保每个学生都能获得最佳的训练效果。

虚拟现实技术还支持多样化的训练内容和形式，满足不同学生的学习需求。教师可以设计各种有趣的训练任务和游戏，激发学生的学习兴趣和动力。例如，在虚拟足球训练中，学生可以参加模拟比赛、进行战术演练，体验真实比赛的紧张氛围和挑战。这种多样化的训练方式不仅提高了学生的学习积极性，也增强了他们的团队合作意识和竞争意识。

综上所述，虚拟现实技术在体育教学中的应用具有显著的增强学习体验与参与度、提供安全的训练环境和促进个性化教学等优势。这些优势不仅提高了体育教学的效果和质量，还为学生提供了更加丰富和多样的学习体验。通过虚拟现实技术，学生能够在虚拟环境中进行安全、有效和个性化的训练，全面提高运动技能和体能水平。

三、虚拟现实技术在体育技能训练中的应用

（一）虚拟运动场景模拟

虚拟现实技术在体育技能训练中的一大应用是虚拟运动场景的模拟。通过虚拟现实技术，学生可以进入各种逼真的运动场景中进行训练，而不受场地和天气等实际条件的限制。虚拟运动场景模拟不仅提高了训练的多样性和趣味性，还为学生提供了更全面的运动体验。

1. 高度逼真的运动场景

虚拟现实技术利用三维建模和高分辨率图像技术，创造出高度逼真的运动场景。无论是篮球场、足球场、游泳池，还是田径赛场，学生都可以在这些虚拟环境中进行训练。逼真的场景让学生仿佛置身于真实的训练场地，增强沉浸感和参与度。这种高度逼真的场景使得学生在视觉和听觉上获得极大的满足，仿佛每一次练习都是真实的比赛或训练。

2. 多样化的运动项目

通过虚拟现实技术，学生可以在虚拟环境中练习各种运动项目，如篮球、足球、排球、网球、田径等。每种运动项目都配有详细的虚拟场景和训练内容，学生可根据自己的兴趣和需求选择相应的项目进行训练。多样化的运动项目丰富了体育教学的内容，使学生能够全面发展。例如，在虚拟篮球训练中，学生可以体验从基本的运球、投篮到复杂的战术演练，而在虚拟游泳训练中，学生可以模拟不同的游泳姿势和比赛环境，从而全面提升运动技能。

3. 跨越时空限制

传统体育训练受限于场地、设备和天气等因素，而虚拟现实技

术打破了这些限制，使学生能够在任何时间、任何地点进行训练。无论是在课堂上还是在家里，学生都可以通过佩戴头戴式显示器进入虚拟运动场景，进行高效的体育训练。这种跨越时空限制的特性尤其适用于场地受限的情况下，确保学生在任何情况下都能保持良好的训练效果。通过这种方式，学生不再受到外界环境的影响，可以在最佳状态下进行训练。

（二）技能训练与评估

虚拟现实技术为体育技能训练提供了新的手段和方法，通过虚拟现实系统，学生可以进行高效、系统的技能训练。虚拟现实技术不仅提高了训练的科学性和精确性，还为学生提供了个性化的训练方案和评估机制。

1. 系统化的技能训练

虚拟现实系统可以根据教学大纲和训练目标，设计系统化的技能训练计划。学生在虚拟环境中可以反复练习各种基本动作和复杂技能，如篮球的投篮、传球和防守，足球的射门、运球和战术演练。系统化的训练计划帮助学生逐步掌握技能要领，提升运动水平。例如，在虚拟篮球训练中，系统会根据学生的技术水平设计一系列的训练任务，从基础动作到复杂的战术演练，逐步提高学生的技能水平。

2. 实时数据记录与分析

虚拟现实系统能够实时记录学生的运动数据，如速度、姿态、力度等，通过数据分析评估其技能水平和进步情况。例如，在虚拟网球训练中，系统可以记录学生的发球速度和击球角度，分析其技术优劣，为教师提供科学的评估依据。实时数据记录与分析使得训练评估更加客观和准确。例如，在虚拟跑步训练中，系统可以记录学生的步幅、步频和心率等数据，并通过分析这些数据，提供详细的评估报告，帮助学生了解自己的训练效果。

3. 个性化训练方案

根据学生的体能状况、技术水平和学习进度，虚拟现实系统可以自动生成个性化的训练方案。系统通过动态调整训练内容和强度，确保每个学生都能在适合自己的节奏下进行训练。例如，对于刚开始学习篮球的学生，系统会提供基础动作的训练；而对于已经具备一定技能的学生，系统会增加战术演练和高难度动作的训练。个性化的训练方案提高了训练效果和学生的学习积极性。例如，在虚拟足球训练中，系统会根据学生的技术水平和学习进度，设计适合他们的训练任务，确保每个学生都能在最佳状态下进行训练。

（三）学生反馈与改进

虚拟现实技术在体育技能训练中的另一个重要应用是提供及时的反馈和改进建议。通过虚拟现实系统，学生在训练过程中可以实时获得反馈，了解自己的动作表现和技术缺陷，及时进行改进。

1. 即时反馈机制

虚拟现实系统能够实时监测学生的动作和表现，并提供即时的反馈和指导。例如，在跑步训练中，系统可以实时分析学生的跑姿、步幅和速度，并提供详细的纠正建议。及时的反馈帮助学生迅速改正错误动作，优化训练方法，提高训练效果。例如，在虚拟篮球训练中，系统可以实时监测学生的投篮姿势，并提供详细的纠正建议，帮助学生迅速改正错误动作，提高投篮准确性。

2. 详细的评估报告

虚拟现实技术可记录学生的训练数据，生成详细的评估报告。评估报告包括学生的心率、步数、速度、姿态等各项指标，为教师提供全面的教学评估依据。通过数据分析，教师可全面了解学生的学习情况和进步状况，针对性地调整教学策略和训练计划，提升教学效果。例如，在虚拟游泳训练中，系统可以记录学生的游泳速度、呼吸频率和姿势等数据，并生成详细的评估报告，帮助教师全面了解学生的学习情况。

3. 改进教学策略

通过虚拟现实系统提供的反馈和评估报告，教师可以根据学生的实际情况，改进教学策略和训练计划。例如，对于一些动作表现不佳的学生，教师可以设计专门的训练内容，帮助他们加强薄弱环节；对于进步明显的学生，教师可以增加训练难度，进一步提升他们的技能水平。改进教学策略使得体育教学更加科学和高效。

首先，教师可以利用评估报告中的详细数据，识别每个学生在技能和体能方面的优劣。例如，如果评估报告显示某个学生在跳远训练中腿部力量不足，教师可以安排更多的腿部力量训练，使用虚拟环境中的特定练习来针对性地加强该部分肌肉群。针对性训练不仅提高了学生的整体运动能力，也增强了他们在具体项目中的表现。

其次，虚拟现实技术允许教师实时调整训练计划，灵活应对学生的学习进度和反馈。如果在训练过程中发现某个学生已经熟练掌握了基础技能，教师可以迅速调整训练内容，增加更具挑战性的练习项目，如复杂的战术演练或高难度的技巧训练。这种动态调整训练的能力使得教学计划更加个性化，满足不同学生的需求，促进他们的全面发展。

再次，教师还可以利用虚拟现实系统中的模拟比赛功能，让学生在虚拟环境中体验实际比赛的压力和节奏。这不仅有助于学生适应比赛环境，提高实战能力，还可以通过比赛模拟中的数据反馈，进一步优化训练策略。例如，在模拟比赛中，如果发现某个学生在关键时刻容易失误，教师可以设计特定的心理训练和压力应对策略，帮助学生在真实比赛中保持冷静和专注。

最后，虚拟现实技术还提供了多种互动和协作功能，教师可以通过虚拟现实平台组织小组练习和团队比赛，培养学生的团队合作能力和集体荣誉感。例如，通过虚拟足球比赛，学生可以在虚拟教练的指导下，学习和实践团队战术，提高整体配合和协作能力。这种互动式学习不仅丰富了体育教学的形式，也增强了学生的集体意识和合作精神。

综上所述，通过虚拟现实系统提供的反馈和评估报告，教师可以更科学、更有效地改进教学策略和训练计划，满足不同学生的个性化需求，全面提升体育教学质量。这种基于数据和技术的教学方法，既提高了训练的针对性和有效性，又为学生提供了更加丰富和多样的学习体验，使得体育教育在数字化时代焕发出新的活力。

四、案例：虚拟现实技术在某综合类高校健美操教学中的应用

（一）案例背景

在某综合类高校的健美操课程中，学校体育学院决定引入虚拟现实技术，以提升教学质量，增强学生的运动技能和表现。健美操是一项需要高度协调性和动作十分复杂的体育项目，传统的教学方法虽然有效，但在提高学生兴趣和参与度方面存在一定局限性。因此，学校希望通过虚拟现实技术改进教学模式，使学生在沉浸式虚拟环境中获得更好的学习体验。

（二）应用方式

1. 虚拟场景创建与设备配置

为了提升学校健美操的教学，利用虚拟现实技术构建多个专门

针对健美操的虚拟场景。这些场景不仅包括传统的训练馆和比赛场地，还特别增设了健美操技术动作讲解室以及健美操表演舞台。学生佩戴虚拟现实头戴式显示器后，可以沉浸在这些高度仿真的环境中，进行技术动作的练习、表演的准备以及模拟真实的比赛场景。

2. 健美操技术动作解析与学习

虚拟现实系统中特别针对健美操的各种技术动作，如跳跃、转体、平衡等，进行了详细的 3D 建模和动画演示。学生可通过系统进入技术动作讲解室，对每个动作进行逐一学习和模仿。系统支持对动作进行 360 度的旋转查看，并通过时间轴进行动作的逐帧分解，使学生能够更加深入地理解和掌握每个技术细节。例如，在练习高难度的空中转体动作时，学生可以通过虚拟现实系统反复观察动画演示，了解身体的发力点、转动的角度和速度等关键要素，然后在虚拟环境中进行模拟练习，直至熟练掌握。

3. 健美操练习与个性化指导

在虚拟现实系统的训练馆场景中，学生可根据自己的学习进度和技术水平，选择不同的练习模式和难度。系统会根据学生的表现，提供个性化的指导和建议，见图 4-1。如果学生在某个技术动作上存在困难，系统可以生成针对性的训练计划，帮助学生逐步克服困难，提升技术水平。

此外，虚拟现实系统支持多人同时在线练习，学生可以与同学一起进行协同训练，共同提高。教师可以通过系统的后台数据，实时监控学生的学习情况和进步状况，及时进行干预和指导。

4. 健美操表演与模拟演出

虚拟现实系统中的健美操表演舞台是一个专门为学生展示自我而设计的虚拟环境。学生可以在这个舞台上进行完整的健美操表演，系统会根据学生的动作和节奏，自动生成炫酷的舞台效果和背景音乐。

图 4 - 1　个性化的学习平台

资料来源：笔者自行拍摄。

在表演准备阶段，学生可以利用虚拟现实系统进行多次的模拟演出，熟悉舞台布局和表演流程。系统还会记录每次模拟演出的数据，帮助学生分析自己的表演状态，找出需要改进的地方。正式的表演阶段，学生可以邀请亲朋好友通过虚拟现实系统观看自己的表演，共享这一精彩时刻。这种新颖的表演方式不仅能提升学生的自信心和舞台表现力，还能吸引更多人对健美操产生兴趣。

5. 比赛模拟与评估

除了日常的练习和表演外，虚拟现实系统提供健美操比赛的模拟功能。学生可以在虚拟的比赛场地中与来自各地的选手进行竞技对抗。系统会根据比赛的评分标准和规则对学生的表现进行自动评估并给出详细的反馈报告。

通过参与模拟比赛学生可以提前感受比赛的氛围和压力并在实战中检验自己的技术水平和心理素质。教师则可以根据学生的比赛表现进行针对性的指导和调整，帮助学生以最佳状态迎接真实的比赛挑战。

（三）教学过程

1. 准备阶段与热身活动

在健美操教学的开始阶段，学生佩戴虚拟现实设备，进入一个专门为热身设计的虚拟环境。这个环境可能是一个风景优美的户外场地或是一个现代化的健身房。学生在这里跟随虚拟教练的引导，进行全身的活动和拉伸，见图4-2。热身活动有轻松的跑步、动态的拉伸以及简单的体操动作等，帮助学生预防运动伤害，为他们接下来的技术动作学习做好准备。

图4-2　虚拟教练带练热身运动

资料来源：笔者自行拍摄。

2. 健美操动作学习与练习

完成热身活动后，学生进入虚拟现实系统的技术动作解析室。在这里，他们将通过高度逼真的3D模型和动画，逐一学习健美操的各个技术动作。虚拟现实系统的逐帧分解功能让学生可以清晰地看到每个动作的细微变化，从而更加深入地理解和掌握动作的要领。

学习完技术动作后，学生进入虚拟训练馆进行实际的练习。在练习过程中，虚拟现实系统会通过运动传感器实时监测学生的动作，并提供即时的反馈。如果学生某个动作做得不到位或存在错误，系统会立即给出提示，并展示正确的动作以供学生参考。即时反馈机制极大地提高了学生的学习效率和技术水平。

3. 个性化训练与模拟演出

虚拟现实系统还能根据学生的技术水平和需求，智能生成个性化的训练计划，见图4-3。例如，对于初学者，可以选择系统里的基础动作练习；而对于有一定基础的学生，系统则会增加难度，提供更多的组合动作和复杂技巧的练习。

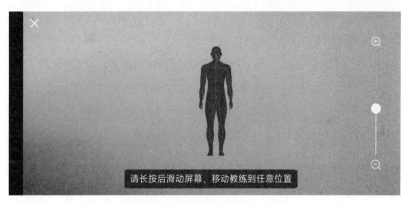

图4-3　虚拟教练的个性化定位

资料来源：笔者自行拍摄。

此外，虚拟现实系统还提供了模拟演出功能。学生能在仿真的舞台环境中进行健美操的表演练习。系统会根据学生的表演自动生成舞台灯光和背景音乐，让学生提前感受舞台的氛围。这种模拟演出的方式不仅能帮助学生提升舞台表现力，还能增强他们的自信心。

4. 模拟比赛与实战演练

为了让学生更好地适应比赛环境，虚拟现实系统还特别设计了模拟比赛功能。在这里，学生可以与其他虚拟选手或真实同学进行竞技对抗。系统会模拟真实的比赛流程和评分规则，对学生的表现进行实时的评分和反馈。通过这种方式，学生可以在一个相对安全的环境中体验比赛的压力和氛围，为将来的真实比赛做好充分的准备。

5. 放松活动与课堂总结

在紧张的学习和练习之后，学生进入虚拟的放松区域进行放松活动。这里是一个宁静的海滩、幽静的森林或温馨的瑜伽馆。学生在这样的环境中进行深呼吸、冥想和轻松的拉伸运动，以帮助身体和心理都得到充分的放松。

最后，教师会利用虚拟现实系统生成的数据报告对整堂课进行总结和评价。这份报告详细记录了每个学生的学习进度、技术水平和存在的问题。教师根据这些数据可以给出针对性的改进建议和指导，帮助学生更好地提升自己的健美操技能。

总的来说，通过虚拟现实技术的应用为学生提供了一个全方位、沉浸式的健美操学习环境。学生不仅能够在虚拟环境中高效地学习技术动作、进行实战演练和模拟演出，还能在教师的指导下进行个性化的训练和放松活动。这种创新的教学模式无疑为健美操教学带来了革命性的变革，同时为其他体育项目的教学提供新的思路和方向。

第二节

增强现实技术在体育教学中的应用

在前一节中，我们探讨了虚拟现实技术在体育教学中的应用及其优势。虚拟现实和增强现实在技术原理和应用领域上有许多相似之处，尤其是它们都通过提供沉浸式和互动性的体验来提升教学效果。因此，本节在介绍增强现实技术时，将着重探讨其独特之处，与虚拟现实技术相同的内容不再赘述。

增强现实技术为体育教学带来了革命性的变革。这种教学方式不仅丰富了教学内容，还能实时纠正学生的动作，提高训练效果。增强现实技术在体育教学中的应用，标志着传统与现代科技的完美结合，对于提升学生的运动技能和运动表现具有重要意义。

一、增强现实技术的基本原理与特点

（一）增强现实技术的定义

增强现实技术是一种通过将虚拟信息叠加到现实世界中的技术，使用户能够在真实环境中看到虚拟对象和信息。增强现实技术通过摄像头、传感器和显示设备，将计算机生成的图像、文字、声音等信息实时叠加到用户的视野中，从而增强现实环境的感知和互动。与完全沉浸在虚拟环境中的虚拟现实技术不同，增强现实技术将虚拟内容与现实世界融合，提供更加自然和直观的互动体验。

（二）增强现实技术的核心组件与工作原理

增强现实技术的核心组件与虚拟现实技术在某些方面很相似，但其工作原理有独特之处，这使增强现实技术能够在不同的应用场景中发挥独特的作用。以下是对增强现实技术核心组件和工作原理的深入分析。

1. 摄像头

增强现实技术依赖摄像头捕捉用户周围的真实环境图像。这些图像作为虚拟信息叠加的背景，确保虚拟内容与现实环境的无缝融合。摄像头不仅捕捉静态图像，还能实时录制视频流，这对于动态场景中的虚拟叠加至关重要。例如，在体育训练中，摄像头可以实时捕捉学生的动作，并在视频流中叠加指导信息，帮助学生即时调整姿势和动作。

2. 传感器

增强现实技术使用多种传感器，如加速度计、陀螺仪和 GPS，来检测用户的位置、方向和运动状态。这些传感器的数据帮助系统准确定位和追踪用户的运动，从而实现虚拟信息的精确叠加。例如，在户外运动训练中，GPS 传感器可以实时跟踪学生的位置和移动路径，提供精准的地理位置和路径规划信息。而陀螺仪和加速度计则可以捕捉细微的运动变化，确保虚拟信息与用户的视角变化同步。

3. 处理器

处理器在增强现实技术中起着关键作用，负责处理摄像头和传感器的数据，并生成虚拟信息。处理器根据用户的位置和视角，实时计算并生成与现实环境相匹配的虚拟图像和信息。高效的处理器能够快速处理大量数据，确保虚拟内容与现实环境之间的互动流畅。例如，在篮球训练中，处理器可以实时计算学生的投篮角度和力度，并在视野中叠加虚拟的投篮轨迹和评分，帮助学生提高投篮技术。

4. 显示设备

增强现实技术使用智能眼镜、头戴式显示器或智能手机等显示设备，将生成的虚拟信息叠加到用户的视野中，使用户能够在真实世界中看到虚拟对象。显示设备的选择和性能直接影响用户体验。例如，智能眼镜可以让学生在运动中无须手持设备，专注于动作和训练。而高分辨率的头戴式显示器则能够提供更加清晰和逼真的虚拟内容，提高训练效果。

（三）增强现实技术的主要特点

增强现实技术与虚拟现实技术都具备实时互动的特性，在体育教学中，增强现实技术的应用还展现出以下特点。

1. 增强现实感知

增强现实技术通过将虚拟信息与现实环境融合，增强了用户对现实世界的感知能力。例如，在体育教学中，增强现实技术可以在实际运动场地上叠加虚拟的指导信息，使学生更直观地理解运动技巧和动作要领。这种增强现实感知不仅有助于学生准确掌握技术动作，还可以通过实时反馈和互动，提高学生的学习效果。例如，在足球训练中，增强现实技术可以在球场上叠加虚拟的跑位线路和战术布置，使学生更容易理解和执行复杂的战术安排。

2. 便携性与灵活性

增强现实技术通常通过便携的设备如智能手机和智能眼镜实现，使用方便，灵活度高。学生可以在任何时间、任何地点使用增强现实技术进行学习和训练，极大地拓展了体育教学的空间和时间维度。例如，学生可以在家中使用增强现实应用进行健身训练，跟随虚拟教练进行有氧运动和力量训练。而在校外活动中，增强现实技术可以帮助学生进行跑步路线规划和实时心率监测，确保运动的科学性和安全性。

3. 增强的学习体验

增强现实技术通过增加虚拟信息，提高了学习内容的生动性和趣味性。学生可以在现实环境中看到三维的运动示范和动作分解图，使学习过程更加直观和有趣。这种增强的学习体验有助于提高学生的学习兴趣和参与度。例如，在体操训练中，增强现实技术可以叠加虚拟的动作分解图，帮助学生更好地理解和掌握高难度动作的细节和技巧。通过虚拟与现实的结合，学生可以获得更直观的教学指导，提升学习效果。

二、增强现实技术在体育教学中的具体应用

增强现实技术在体育教学中的应用正逐渐成为一种趋势，其独特的技术特点使其能够在多个方面提升体育教学的质量和效果。通过将虚拟信息叠加到现实世界中，增强现实技术能够为学生提供更加直观、互动的学习体验。

（一）运动技能示范与练习

增强现实技术能够在现实环境中叠加虚拟的运动示范，为学生提供直观的学习体验。例如，学生在学习篮球投篮技巧时，通过增强现实眼镜可以看到一个虚拟教练在现实篮球场地上进行标准投篮动作示范。学生可从多个角度观察这个虚拟示范，理解每一个动作细节。这种虚拟与现实结合的示范方式，比传统的图文或视频示范更加生动，能够帮助学生更快地掌握技能。

在实际应用中，增强现实技术通过头戴式显示器或智能眼镜，将虚拟教练的动作叠加到学生的视野中。学生不仅可以看到标准的投篮动作，还可以通过系统的分解视图，清晰地了解每一步的动作要领。多角度的视图让学生能够从不同的视角观察，增强了对动作的理解。此外，增强现实技术还能提供慢动作回放功能，使学生能够仔细观察每一个细节，从而更快地掌握技能。

（二）体育课堂中的互动课件

在体育课堂中，增强现实技术可用于创建互动课件，丰富教学内容。教师可通过增强现实设备展示三维人体模型，演示肌肉的运动和作用原理，帮助学生更好地理解运动生理学。同时，学生可使

用增强现实应用程序，通过移动设备扫描特定的图片或标志，看到相关的三维模型和动画，与课件内容进行互动。这种互动性课件不仅提高了课堂的趣味性，还增强了学生的学习效果和参与度。

在实际教学中，教师利用增强现实技术将复杂的运动生理学知识形象化。通过这种方式，学生不仅能更直观地理解复杂的运动原理，还能在互动中加深记忆，提高学习效果。此外，增强现实技术可将课堂内容拓展到课外，学生可随时随地通过移动设备进行自学和复习，进一步巩固所学知识。

（三）实时指导与纠正动作

增强现实技术的实时反馈功能使其在动作指导和纠正中具有重要应用价值。在实际训练中，增强现实技术通过智能眼镜或头戴式显示器，实时监测学生的运动数据，并提供即时的反馈和指导。例如，学生在进行跑步训练时，系统可实时分析学生的跑姿、步幅和速度，提供详细的纠正建议。当学生的姿势不正确或速度不适宜时，系统会通过语音或视觉提示，指导学生进行调整。这种即时反馈机制帮助学生在训练中及时发现和改正错误动作，提高训练效果，减少运动伤害的风险。

此外，增强现实技术还可记录学生的训练数据，生成详细的评估报告，帮助教师全面了解学生的训练情况和进步状况。通过数据分析，教师可针对学生的实际情况，调整教学策略和训练计划，提供个性化的指导和帮助。例如，教师可根据评估报告，为动作表现不佳的学生设计专门的训练内容，帮助他们加强薄弱环节；对于进步明显的学生，教师可以增加训练难度，进一步提升他们的技能水平。

综上所述，增强现实技术在体育教学中的应用，为学生提供了更加直观、互动性更强和个性化的学习体验。通过虚拟运动场景的创建和互动课件的应用，学生可以更好地理解和掌握运动技能。通过实时反馈和指导，学生可以在训练中及时发现和改正错误动作，提高训练效果。通过增强现实技术的应用，体育教学变得更加科学和高效，推动了体育教学的创新与发展。

三、案例：增强现实技术在足球训练中的应用

（一）案例背景

为了提升学生的足球技能，一所大学在其体育课程中引入了增强现实技术。通过使用智能眼镜和移动设备，结合专门开发的增强现实应用程序，该大学为学生提供了直观和互动的训练体验，旨在提高训练效率和学习效果。引入增强现实技术的背景是基于传统训练方法的局限性，尤其是在复杂技巧和战术的教学中，传统的口头解释和示范往往不足以让学生全面掌握。而增强现实技术的应用可以弥补这些不足，通过虚拟与现实的结合，使训练更加生动具体，教学效果更为显著。

（二）应用方式

在足球训练课程中，学生佩戴增强现实眼镜进入训练场地。增强现实眼镜会在学生视野中叠加虚拟教练和训练指示，具体应用方式如下。

1. 技能示范与练习

在自由练习阶段，学生通过增强现实眼镜观看虚拟教练演示各种足球技巧，如传球、射门和盘带等。虚拟教练的动作能从不同角度观看，学生可反复模仿并练习技术动作。这个过程中，虚拟教练不仅会分解动作细节，还会在学生练习时提供实时的视觉提示，帮助他们纠正错误动作。

通过增强现实技术，虚拟教练能够细致入微地演示每个动作的要点和步骤。例如，虚拟教练可以分解射门的每一个细节，从摆腿的角度、脚掌的接触位置到发力的方式，一一进行详细讲解。通过佩戴增强现实眼镜，学生可以在实际场地上观看虚拟教练的演示，仿佛教练就在身边指导。学生可以反复观看这些高质量的示范并进行练习，直至完全掌握动作要领。这种反复观看和练习的方式，使学生能够在短时间内掌握复杂技巧，提高了学习效率。

2. 互动课件

增强现实技术将抽象的战术概念变得具体可见。教师利用增强现实应用展示足球战术和策略。通过移动设备扫描场地上的特定标志，学生可以看到三维战术模型，并参与虚拟战术演练。互动课件将复杂的战术概念视觉化，帮助学生更直观地理解和记忆战术内容。例如，教师可在课堂上演示不同的防守阵型，通过增强现实设备，学生可以看到每个球员在场上的位置和移动轨迹，直观地理解战术意图和实施方法。这种三维可视化的战术演练方式，使学生能够更直观地理解每个位置的角色和职责，提高了战术意识。此外，通过与虚拟战术模型的互动，学生可以反复练习战术配合，增强了团队协作能力。

3. 实时指导与纠正动作

通过增强现实技术，训练过程中学生的每一个动作都能被实时监测。增强现实眼镜内置的传感器会记录学生的速度、方向和力量等数据。当学生在练习射门时，系统会分析他们的发力点和射门角度，如果发现问题，虚拟教练会立即提示学生进行调整。这种实时反馈机制帮助学生在训练过程中及时发现和纠正错误，提高动作的准确性。例如，当学生跑动姿势不正确时，虚拟教练会通过视觉和音频提示，指导他们调整步伐和姿态，避免因错误动作导致的运动伤害。这种实时纠正不仅提高了学生的训练效果，还增强了他们的自信心和学习动力。

（三）应用效果

通过引入增强现实技术，学生在足球训练中的学习体验和效果得到了显著提升。增强现实技术的应用不仅丰富了教学手段，还提供了全新的互动学习体验，从多个方面全面提升了学生的训练效果。

1. 提高技能掌握

增强现实技术中的虚拟教练功能能够提供高质量的示范和实时反馈，使学生能够在短时间内掌握复杂的足球技巧。虚拟教练通过3D模型详细展示每一个动作的细节，学生可以在虚拟环境中反复观看和练习，从而更快地掌握技术要领。实时反馈功能则通过捕捉学生的动作并进行分析，及时指出学生的错误并提供纠正建议。通过不断的练习和调整，学生的动作准确性和技术水平都能得到显著提升。例如，学生在练习射门技术时，虚拟教练可以根据每次射门的姿势和力度进行实时反馈，帮助学生调整和改进，直至掌握最佳的射门技巧。

2. 增强战术理解

互动课件和三维战术模型的展示使战术学习更加生动有趣，极大地增强了学生的理解和记忆。传统的战术教学往往依赖于图纸和讲解，而增强现实技术可以将复杂的战术方案以三维模型的形式直观地呈现在学生面前。学生能够通过虚拟环境反复观察战术执行的全过程，理解每个球员在不同情况下的角色和职责。这种生动有趣的学习方式，不仅提高了学生的战术意识，还增强了他们的团队协作能力。例如，在学习防守战术时，学生可以在虚拟环境中模拟比赛情境，观察和分析不同防守策略的效果，从而更深入地理解战术的核心理念。

3. 改善训练效果

通过增强现实技术的实时反馈功能，学生能够在训练过程中及时纠正错误动作，减少因动作不当导致的运动伤害。实时反馈机制不仅提高了学生的训练效率，还增强了他们的自信心和学习动力。教师通过分析学生的运动数据，能够更全面地了解学生的训练进展，从而制订更加科学和个性化的教学计划。例如，教师可以通过数据分析发现学生在某些技术环节上的共性问题，并针对性地进行集体辅导。此外，增强现实技术还能记录和分析学生的训练数据，帮助教师进行长期跟踪和评估，确保每个学生都能得到持续的进步和发展。

4. 增强学习体验

虚拟运动场景和实时指导，使学生能够在一个安全和互动的环境中进行训练。生动有趣的训练过程，极大地激发了学生的学习兴趣和积极性。学生可以在无风险的虚拟环境中反复练习高难度动作，逐步掌握技能，提高整体训练效果。例如，学生在进行高难度的盘带训练时，可以在虚拟环境中进行多次尝试和调整，直到熟练掌握相关技巧。虚拟环境不仅消除了现实中的风险因素，还提供了高度的互动性，使得学习过程更加有趣和富有成就感。

（四）案例总结

通过引入增强现实技术，这所大学在足球训练中实现了显著的教学改进。增强现实技术不仅丰富了训练内容和形式，还提供了个性化和互动的学习体验。学生通过增强现实技术能够在一个安全、直观和高效的环境中进行训练，全面提升学生的技能水平和学习效果。这一案例展示了增强现实技术在体育教学中的巨大潜力，为未来的教育改革提供了有益的借鉴。

具体来说，增强现实技术在足球训练中的应用，不仅在短期内提高了学生的技术水平和战术理解能力，还为长远的教学改革和创新提供了新的思路。通过系统化的教学过程和全面的教学评价，增强现实技术显著提高了足球教学的科学性和实效性，推动了体育教学的创新与发展。学生在虚拟教练的指导下，通过反复练习和即时反馈，能够快速掌握复杂的足球技巧，并在虚拟环境中进行战术演练和策略学习，全面提升其竞技水平和团队合作能力。

综上所述，通过引入增强现实技术，足球训练中的教学内容和形式得到了显著的丰富和优化，学生的技能掌握和战术理解能力得到了全面提升，训练效果显著改善，学习体验也大大增强。这一案例充分展示了增强现实技术在体育教学中的应用潜力和实际效果，为未来的教育改革和教学创新提供了宝贵的参考和借鉴。

第三节

运动技术分析在运动训练中的应用

运动技术分析是现代体育训练中不可或缺的一环。借助高精度的摄像设备和专业的分析软件，教练可以对学生的运动动作进行细致的捕捉与分析，从而找出动作中的不足，提出针对性的改进意见。这种技术的应用不仅提升了训练的科学性和效率，还有助于预防运动损伤，对于培养高水平的运动员至关重要。

一、运动技术分析的概念与特征

（一）运动技术分析的基本含义

运动技术分析是一种利用先进科技手段对运动员的技术动作、身体素质和运动表现进行系统研究和评估的方法。通过高精度的设备和专业的软件，运动技术分析能够捕捉、量化和分析运动过程中的各项关键数据，如速度、角度、力量和动作轨迹，从而为运动员和教练提供科学、详尽的技术指导和反馈。其核心目标是通过全面、细致的技术评估，帮助运动员优化动作，提高运动表现，减少运动损伤风险。

（二）运动技术分析的核心组件与工作原理

1. 核心组件

运动技术分析系统的核心组件包括高帧率摄像机、传感器、数据采集装置和分析软件。各组件协同工作，实现对运动技术的精细分析和全面评估。

高帧率摄像机。用于捕捉运动员的动态动作画面。其高帧率记录功能能够精确捕捉运动过程中每一个细微的动作变化，确保数据的高精度和完整性。高帧率摄像机通常安装在运动场地周围，从多个角度同步拍摄运动员的动作，以便进行全方位分析。

传感器。包括惯性传感器、加速度计、陀螺仪等，这些传感器能够实时监测运动员的运动状态和身体参数。传感器可以佩戴在运动员的关键部位，如手臂、腿部和躯干，采集运动过程中的位置、速度、加速度等数据。这些传感器的数据与摄像机的数据相结合，提供了运动员运动过程的全貌。

数据采集装置。其负责同步处理来自摄像机和传感器的数据，并将其整合传输到分析软件中。数据采集装置能够处理大量的实时数据，确保数据的高效传输和无缝整合，提供准确、即时的数据支持。

分析软件。该软件是运动技术分析的核心部分，负责对采集到的数据进行处理、分析和可视化展示。通过复杂的算法和数据模型，分析软件可以生成详细的运动技术报告，包括动作轨迹、力量分布、速度变化等信息。教练和运动员可以通过这些报告，深入了解运动技术的优势和不足，制订科学的训练计划和改进方案。

2. 工作原理

运动技术分析系统通过摄像机和传感器实时捕捉运动员的动作数据，这些数据经过数据采集装置处理后，传输到分析软件中。分析软件对数据进行解析和建模，生成详细的运动技术报告，包括动作轨迹、力量分布、速度变化等信息。教练和运动员根据这些报告，进行针对性的训练和技术改进。

（三）运动技术分析的主要特征

1. 高精度和高实时性

运动技术分析系统能够捕捉和处理高精度的运动数据，确保分析结果的准确性。同时，系统具有高实时性，能够实时监测和反馈运动状态，帮助运动员及时调整和改进技术动作。高精度和高实时性确保了分析结果的可靠性和实用性。

2. 全面性和多维度性

运动技术分析涵盖运动过程中的多个维度，包括动作轨迹、速度、加速度、力量等。通过多维度的数据分析，系统能够全面评估运动技术的各个方面，为运动员提供全方位的技术指导。全面性和多维度性使得分析结果更加细致和深入，能够揭示运动技术中的细微差异和改进空间。

3. 可视化和易理解

分析软件将复杂的运动数据通过图形、视频和报表等形式进行可视化展示，使教练和运动员能够直观地理解和应用分析结果。可视化的分析报告有助于发现问题、制订改进方案，提升运动表现。可视化和易理解的特点使得分析结果更易应用于实际训练中。

4. 个性化和定制化

运动技术分析系统能够根据不同运动员的特点和需求，提供个性化的分析和指导。系统可以定制化设定分析参数和评估标准，确保分析结果符合每个运动员的实际情况和训练目标。个性化和定制化的特点使得分析结果更加符合运动员的个体需求，提升训练效果和效率。

二、运动技术分析在体育教学中的作用

（一）提高运动技术教学的科学性和准确性

运动技术分析通过高精度的设备和科学的方法，为体育教学提供了详尽的数据支持和分析工具。利用高帧率摄像机和传感器，系统能够捕捉运动员的每一个动作细节，从而进行精确的技术分析。这种科学的分析方法能够揭示运动员在技术动作中的细微差异和潜在问题，帮助教练制订更加科学合理的训练计划。例如，通过对跑步技术的分析，教练可以发现运动员步态中的不协调之处，并提出针对性的改进建议，从而提高运动员的跑步效率和效果。此外，运动技术分析还能够通过数据模型和算法，模拟不同训练方法对运动表现的影响，帮助教练选择最优的训练策略，提高训练的科学性和有效性。

（二）促进个性化教学与训练

运动技术分析系统能够根据每个运动员的具体情况，提供个性化的训练建议和指导。通过实时监测和数据分析，系统能够准确识别运动员的技术优势和不足，并为每个运动员量身定制训练计划。例如，在篮球训练中，系统可以根据运动员的投篮姿势和命中率，提供个性化的改进建议，如调整投篮角度和力度。此外，运动技术分析系统还能够实时监测运动员的身体状况，如心率、呼吸频率等，提供健康监测和风险预警，确保训练过程的安全性。个性化的

教学与训练方法，不仅能够提高训练效果，还能够激发运动员的学习兴趣和积极性，使他们在科学、有效的指导下不断进步。

（三）提供全面的运动表现评价

运动技术分析系统能够对运动员的表现进行多维度、全面的评估。通过视频分析、动作捕捉和生物力学分析等技术，系统能够详细记录和分析运动员的每一次训练和比赛表现。例如，视频分析技术可以捕捉运动员在比赛中的跑动轨迹和动作细节，帮助教练和运动员回顾和反思比赛过程。动作捕捉技术能够精确记录运动员的肢体动作，提供动作的三维模型和数据分析，帮助教练评估动作的流畅性和效率。生物力学分析技术则能够分析运动员的力量分布和身体协调性，提供详细的力量和运动数据报告。这些综合的评估手段，使教练和运动员能够全面了解运动表现的各个方面，发现潜在问题和改进空间，从而不断优化训练方法和策略，提升运动表现。

三、运动技术分析在体育教学中的具体应用

（一）视频分析技术在运动技能训练中的应用

视频分析技术是运动技术分析中常用且有效的方法之一。通过高帧率摄像机记录运动员的动作，再对视频进行详细分析，揭示动作中的细微差异和潜在问题。视频分析技术在运动技能训练中具有广泛的应用，其主要体现在以下几个方面。

1. 动作分解与优化

教练可以使用视频分析软件对运动员的动作进行逐帧分析，分解每一个动作细节。例如，在篮球投篮训练中，视频分析可以帮助教练和运动员观察投篮时的手部动作、身体姿态和出手角度，从而

发现和纠正不良动作习惯，优化技术动作。此外，在田径运动中，视频分析可以帮助运动员改善起跑、加速和冲刺等关键环节的动作质量。通过这种细致的分析，运动员能够更好地理解自己在训练中的动作表现，找到改进的方向。例如，短跑运动员可以通过视频分析找到自己在起跑时的姿势问题，进一步调整起跑时的脚步和身体倾斜角度，从而提升起跑速度。

此外，视频分析技术还可以应用于体操、游泳等需要高度精确动作的运动项目。教练可以通过视频逐帧分析，指导运动员进行微小动作的调整。例如，在体操中，教练可以通过视频分析，找出运动员在空翻或转体动作中的姿态问题，进行针对性的技术指导，从而提高运动员的动作规范性和完成度。

2. 技术对比与反馈

视频分析技术还可以用于对比不同运动员或同一运动员在不同训练阶段的动作表现。通过对比分析，教练可以直观地展示运动员的进步情况或技术问题，提供具体的改进建议。例如，在体操训练中，教练可以将运动员的动作视频与高水平选手的视频进行对比，找出动作中的不足之处。运动员通过观看自己的动作视频，能够更清晰地理解教练的反馈，提高训练效果。这种直观的反馈方式不仅能够增强运动员的自信心，还能激发他们的训练热情。

这种技术对比不仅限于体操，还可以广泛应用于其他运动项目。例如，在游泳训练中，通过对比分析，教练可以发现运动员在不同泳姿中的技术差异，并进行有针对性的指导。通过逐步改进技术动作，运动员可以明显提高自己的游泳速度和效率。

3. 战术分析与演练

在团队运动中，视频分析技术可以用于比赛战术的分析和演练。教练可以通过分析比赛视频，研究对手的战术和运动员的表现，制订有针对性的训练计划。例如，在足球比赛中，教练可以通过视频分析研究对手的防守策略和进攻模式，制订相应的战术方案。运动员可以通过观看战术分析视频，理解和演练不同的战术方案，提升战术意识和团队协作能力。

此外，在篮球比赛中，视频分析技术可以帮助教练和运动员识别对手的战术漏洞，例如防守薄弱环节或进攻模式中的惯用策略，从而制定有针对性的应对策略。通过反复观看和分析比赛视频，运动员可以更好地理解战术要求，并在实战中更灵活地运用。

视频分析还可以用于运动员的自我反省和战术改进。运动员通过观看比赛视频，可以了解自己的战术执行情况和在场上的表现，从而进行自我调整。例如，排球运动员可以通过视频分析，找出自己在防守和进攻中的不足，进行针对性的训练，提升整体比赛水平。

4. 运动损伤预防与康复

视频分析技术在运动损伤的预防与康复中也具有重要作用。通过对运动员动作的详细分析，教练和运动医学专家可以发现运动员动作中的不合理之处，从而制定针对性的预防措施。例如，在跑步训练中，视频分析可以帮助发现运动员的步态问题，如过度内旋或外旋，从而建议合适的鞋子或纠正措施。对于已经受伤的运动员，视频分析可以用于评估康复训练的效果，帮助运动员逐步恢复到最佳状态。

运动损伤预防不仅涉及技术动作的调整，还包括对训练负荷和运动姿势的监控。例如，在举重训练中，通过视频分析，可以监控运动员在不同重量级别下的动作变化，避免因动作不规范或负荷过大而导致的运动损伤。通过科学的分析和监控，运动员可以更安全地进行训练，减少运动损伤的风险。

5. 心理训练与压力管理

视频分析技术不仅可以用于身体技能的训练，还可以用于心理训练和压力管理。运动员通过观看自己的比赛或训练视频，可以更好地理解自己在压力环境下的表现，学会如何调整心态，增强自信心。例如，射击运动员可以通过视频分析观察自己在比赛中的呼吸和瞄准动作，找到影响成绩的心理因素，从而进行有针对性的心理训练。

心理训练是现代体育训练中不可或缺的一部分。通过视频分析，教练和心理学专家可以帮助运动员识别比赛中的心理压力源，例如紧张、焦虑等情绪反应，并制订相应的心理训练方案。例如，在网球比赛中，通过视频分析可以发现运动员在关键分时的心理状态，帮助其进行压力管理和心理调整，提升心理素质。

6. 科学化训练与决策支持

视频分析技术为体育训练的科学化提供了有力支持。通过详细的动作分析和数据记录，教练和运动员可以根据科学数据制订训练计划。例如，通过视频分析可以记录运动员在不同训练阶段的动作变化和技术改进情况，指导教练调整训练强度和内容，提高训练效果。

此外，视频分析技术还可以用于比赛策略的制定和决策支持。例如，在排球比赛中，通过视频分析可以发现对手的进攻和防守策略，帮助教练制定针对性的比赛策略，提高比赛胜率。运动员可以通过观看分析视频，了解对手的战术特点和弱点，制定相应的应对策略，提高比赛表现。

综上所述，视频分析技术在运动技能训练中的应用是多方面的，不仅可以帮助运动员提高技术水平，还可以用于战术分析、损伤预防和心理训练。通过视频分析技术，教练和运动员能够更科学、更全面地理解和优化训练过程，从而实现更高的训练效果和运动成绩。未来，随着视频分析技术的不断发展和完善，其在体育教学中的应用前景将更加广阔。在未来的发展中，视频分析技术有望进一步与人工智能、大数据等先进技术结合，推动体育训练和教学的创新与发展。

（二）动作捕捉技术在体育教学中的应用

动作捕捉技术通过在运动员身体的关键部位安装传感器，实时记录和分析运动员的动作数据，生成三维模型和动作轨迹。这项技术在体育教学中的应用主要体现在以下几个方面。

1. 精确动作记录与分析

动作捕捉技术能够高精度地记录运动员的每一个动作细节，包括位置、速度、加速度和角度等数据。这些数据可以用于详细分析运动员的技术动作，发现动作中的不协调之处和改进空间。例如，在田径的跳远训练中，动作捕捉技术可以帮助教练分析运动员的助跑、起跳和腾空动作，优化跳远技术。通过这种细致的分析，运动员能够更好地理解自己在训练中的动作表现，找到改进的方向。例如，在跳远训练中，教练可以通过动作捕捉技术，详细分析运动员在助跑阶段的速度变化、起跳时的腿部姿势和腾空过程中的身体控制，提供针对性的改进建议，从而显著提高运动员的跳远成绩。

动作捕捉技术还可以广泛应用于乒乓球等需要精确动作的运动项目中。通过高精度的动作记录和分析，教练可以指导运动员进行微小动作的调整。例如，在乒乓球训练中，通过动作捕捉技术，教练可以详细分析运动员的发球、击球和接球动作，从而提供精确的技术指导，提高动作完成度和比赛表现。图 4-4 为华东师范大学体育与健康学院乒乓球教室的乒乓球训练机器人。此外，在羽毛球训练中，动作捕捉技术可以帮助教练分析运动员的步法、击球和反应速度，优化训练方法，提升运动员的技术水平和比赛成绩。

图 4 - 4 华东师范大学体育与健康学院乒乓球教室的乒乓球训练机器人
资料来源：笔者自行拍摄。

2. 虚拟教练与训练

动作捕捉技术可以生成运动员的三维模型，用于虚拟教练和训练系统。虚拟教练可以根据运动员的动作数据，提供实时的反馈和指导，帮助运动员在虚拟环境中进行动作练习和改进。例如，虚拟教练可以在跳高训练中，实时监测和分析运动员的起跳姿势和腾空高度，提供优化建议。运动员通过在虚拟环境中的训练，可以更加直观地理解和改进自己的动作，提升技术水平。

在虚拟教练的指导下，运动员可以进行更加高效和个性化的训练。虚拟教练系统不仅能够提供即时反馈，还可以根据运动员的表现，调整训练计划和强度。例如，在排球训练中，虚拟教练可以根据运动员的动作数据，设计个性化的训练方案，帮助运动员在虚拟环境中模拟比赛情景，提升战术意识和实战能力。通过这种方式，运动员可以在虚拟训练中不断优化自己的技术动作，提高整体比赛水平。

3. 康复训练与监控

在运动康复训练中，动作捕捉技术可以用于监控运动员的康复进程和动作恢复情况。通过详细的动作数据分析，康复教练可以制订个性化的康复训练计划，帮助运动员逐步恢复运动能力。例如，动作捕捉技术可以监控膝关节术后运动员的恢复情况，评估康复训练的效果。通过这种科学的监控和评估，运动员可以更安全、有效地进行康复训练，加快恢复进程。

动作捕捉技术还可以用于评估康复训练的效果，帮助医务人员和教练调整康复方案。例如，在跟腱断裂康复训练中，通过动作捕捉技术，可以详细记录和分析运动员在不同康复阶段的步态和负重情况，从而制订科学的康复训练计划，帮助运动员逐步恢复运动能力，减少二次受伤的风险。

（三）生物力学分析在运动表现评估中的应用

生物力学分析通过对运动员的力学参数和运动轨迹进行研究，评估运动表现和技术动作的科学性。生物力学分析在体育教学中的应用主要包括以下几个方面。

1. 运动力学分析

生物力学分析能够研究运动员在运动过程中的力学特性，包括力量、重心、动量和扭矩等参数。例如，在举重训练中，生物力学分析可以评估运动员的举重姿势和力量分布，帮助他们优化动作，提高举重成绩。通过生物力学分析，教练可以了解运动员在举重过程中每一个动作环节的力学特性，从而制订更为科学的训练计划，提升运动员的力量和技术水平。

生物力学分析还可以应用于田径、游泳等运动项目。例如，在游泳训练中，通过生物力学分析，可以研究运动员的划水动作和身体姿态，评估其水中推进效率和能量消耗，提供改进建议，提升游泳速度和耐力。通过这种科学的分析，教练和运动员可以更加精确地理解和改进训练过程，提升整体运动表现。

2. 动作效率评估

通过生物力学分析，可以评估运动员的动作效率和能量利用情况。例如，在游泳训练中，生物力学分析可以研究运动员的划水动作和身体姿态，评估其水中推进效率和能量消耗，提供改进建议，提升游泳速度和耐力。通过这种科学的评估，运动员可以更加有效地利用自己的体能，提升运动表现。

动作效率评估不仅限于游泳，还可以广泛应用于其他运动项目。例如，在跑步训练中，通过生物力学分析，可以评估运动员的步态和能量利用情况，找出动作中的不合理之处，提供改进建议。例如，通过分析运动员的步幅、步频和下肢受力情况，教练可以发现运动员在跑步过程中存在的能量浪费问题，并提供科学的改进措施，帮助运动员提高跑步效率和成绩。

3. 运动损伤预防

生物力学分析还可以用于预防运动损伤。通过分析运动员的动作模式和力学负荷，发现潜在的损伤风险因素。例如，在跑步训练中，生物力学分析可以监测运动员的步态和下肢受力情况，预警可能的膝关节损伤风险，建议合理的训练强度和恢复措施。通过这种科学的分析，教练和运动员可以更加有效地预防运动损伤，确保训练的安全性。

在其他运动项目中，生物力学分析同样具有重要的应用价值。例如，在网球训练中，通过生物力学分析，可以评估运动员的挥拍动作和腕关节受力情况，预防可能的腕关节损伤。通过科学的动作分析和监控，教练和运动员可以制订合理的训练计划和恢复措施，减少运动损伤的发生，提高训练和比赛的安全性。

未来，随着科技的不断发展，这些技术在体育教学中的应用前景将更加广阔。通过与人工智能、大数据等先进技术的结合，运动技术分析有望进一步提升体育教学的科学性和有效性，为运动员的训练和发展提供更加精准和全面的支持。教练和运动员应积极应用这些先进技术，不断探索和创新，推动体育教学和训练的不断进步，实现更高的运动成绩和全面发展。

第四节

可穿戴技术在体育教学中的应用

可穿戴技术为体育教学提供了全新的数据监测手段。通过智能手环、心率监测器等设备，教练和学生可以实时监测运动过程中的各项生理指标，如心率、步数、运动强度等。这些数据不仅有助于教练更科学地制订训练计划，还能帮助学生更好地了解自己的身体状况，避免过度训练导致的伤害。可穿戴技术的应用，无疑为体育教学带来了更加个性化、精准化的指导方法。

一、可穿戴技术的基本原理与特点

（一）可穿戴技术的含义

可穿戴技术指的是可直接佩戴在人体上的电子设备，这些设备能够实时采集用户的各种生理和运动数据，并通过无线通信技术传输到数据处理系统进行分析和反馈。常见的可穿戴设备包括智能手表、腕带、眼镜和智能鞋等，具有轻便、舒适、易于佩戴的特点。这些设备不仅在体育和健康管理中得到广泛应用，还逐渐渗透到医疗、娱乐、安全等多个领域，成为现代生活中不可或缺的一部分。

（二）可穿戴技术的核心组件与工作原理

1. 核心组件

传感器是可穿戴设备的核心组件，用于实时采集用户的生理和运动数据。常见的传感器包括加速度计、陀螺仪、心率传感器和GPS传感器。这些传感器能够记录用户的运动量、运动轨迹、心率和呼吸频率等数据，为数据分析提供基础。例如，加速度计和陀螺仪可以捕捉用户的步数、运动强度和姿态变化，而心率传感器则能够监测用户的心脏活动，提供心率变异性等健康指标。GPS传感器则用于记录用户的运动路线和位置，特别适用于户外运动和跑步爱好者。

数据处理单元负责接收并初步处理传感器采集的数据。该单元通常内置在可穿戴设备中，通过嵌入式处理器对数据进行过滤、整合和初步分析。部分高端可穿戴设备还具备人工智能算法能力，能够对数据进行复杂分析和处理。例如，一些智能手表可以通过数据处理单元识别用户的运动类型，如跑步、游泳、骑行等，并提供相应的运动分析和建议。数据处理单元的强大功能使可穿戴设备不仅能够记录数据，还能提供智能化的反馈和指导。

无线通信模块用于将处理后的数据传输到外部设备或云端服务器。常见的通信技术包括蓝牙、WiFi和蜂窝网络等。通过无线通信模块，可穿戴设备能够与智能手机、平板电脑和计算机等设备进行数据同步，方便用户查看和管理自己的运动和健康数据。例如，用户可以通过蓝牙将智能手环的数据同步到手机上的健康应用，实时查看自己的步数、心率和睡眠质量。无线通信模块的高效传输能力使数据的获取和分析更加便捷和实时。

电源管理系统确保可穿戴设备能够长时间稳定运行。该系统通常包括充电电池、能量管理芯片和低功耗设计。高效的电源管理系统能够延长设备的续航时间，提升用户的佩戴体验。例如，一些智能手表配备了大容量电池和快速充电技术，能够在短时间内完成充电，确保设备在长时间使用中不间断工作。电源管理系统的优化设计不仅提升了设备的续航能力，还提高了用户的使用满意度。

2. 工作原理

可穿戴设备通过内置的传感器实时采集用户的生理和运动数据，这些数据经过数据处理单元初步处理后，通过无线通信模块传输到外部设备或云端服务器。用户可以通过配套的应用程序查看和分析数据，获得详细的运动和健康反馈。例如，当用户佩戴智能手环进行跑步时，设备会实时记录用户的步数、心率和运动轨迹，并将这些数据同步到手机应用中，用户可以随时查看自己的运动统计和健康指标。整个工作流程确保了数据的准确性和实时性，帮助用户更好地管理自己的运动和健康。

（三）可穿戴技术的主要特点

1. 实时性

可穿戴设备能够实时采集和传输数据，用户可以随时查看自己的运动状态和健康指标。实时性使用户能够及时调整运动强度和方式，提高运动效果和安全性。例如，心率监测功能可以帮助用户在运动过程中实时了解自己的心率变化，避免运动过度或心率过低的情况，从而确保运动的安全性和有效性。

2. 便携性

可穿戴设备设计轻便，佩戴舒适，不影响用户的日常活动。便携性使用户能够随时随地使用设备，方便进行持续的运动和健康监测。例如，智能手表和手环通常采用轻量化材料和符合人体工程学的设计，用户可以在工作、运动甚至睡眠时佩戴，进行全天候的健康监测。便携性的设计提高了设备的实用性和用户的依赖性。

3. 多功能性

可穿戴设备集成多种传感器，能够采集和分析多种类型的数据，如运动量、心率、步数和睡眠质量。多功能性使用户能够全面了解自己的运动和健康状况，进行综合管理。例如，一款高端智能手表不仅可以记录用户的步数和心率，还可以监测用户的睡眠质量、血氧饱和度和压力水平，提供全面的健康管理方案。多功能性的设计使可穿戴设备成为用户日常生活中的健康助手。

4. 数据可视化

可穿戴设备配套的应用程序通常具备强大的数据可视化功能，能够以图表和报告等形式直观展示用户的数据。数据可视化使用户能够更容易理解和利用数据，进行科学的运动和健康管理。例如，用户可以通过健康应用查看详细的步数统计图、心率变化曲线和睡眠分析报告，直观了解自己的健康状况和运动效果。数据可视化的功能使用户能够更好地分析和管理自己的健康数据，制定科学的运动计划和健康目标。

未来，随着科技的不断进步，可穿戴技术将进一步发展和完善。人工智能、大数据和物联网技术的融合，将使可穿戴设备具备更强的智能分析和反馈能力，为用户提供更加精准和个性化的健康管理服务。可穿戴技术的广泛应用，不仅提高了人们的健康意识和管理水平，还推动了体育和健康产业的发展，具有广阔的应用前景和发展潜力。

二、可穿戴技术在教育中的作用

（一）实时数据采集与分析

可穿戴技术通过内置传感器实时采集学生的各种生理和运动数

据，这些数据经过无线通信模块传输到外部设备或云端服务器，进行详细分析和处理。

1. 即时监控

可穿戴设备能够实时监控学生的运动状态、心率、步数、睡眠质量等数据。这些数据帮助教师和教练即时了解学生的身体状况和运动表现，及时调整教学和训练计划。此外，智能手环和手表可以记录学生的日常活动水平和睡眠质量，这些数据有助于教师了解学生的整体健康状况。例如，通过监测学生的睡眠数据，教师可以发现哪些学生存在睡眠问题，并提供改善建议，从而提升学生的整体健康水平和学习效率。

2. 数据分析与反馈

通过对实时数据的分析，教师可获得学生的详细运动报告和健康状态评估。这些报告不仅帮助教师了解学生的运动表现和身体健康状况，还为学生提供科学的运动建议和反馈。

（二）促进个性化教学与训练

可穿戴技术通过精确的数据采集和分析，为个性化教学与训练提供了可能。教师可根据学生的具体情况，制定个性化的教学和训练方案，满足不同学生的需求和发展水平。

1. 个性化教学方案

可穿戴设备记录每个学生的运动数据和健康指标，教师可根据这些数据为每个学生制定个性化教学方案。例如，对于体能较弱的学生，教师可设计较轻松的运动项目，并逐步增加运动强度；对于运动能力较强的学生，教师可设计更具挑战性的训练计划，帮助他们进一步提高运动水平。在体育课中，教师可以根据学生的实时数据进行分层教学。例如，对于一些心率较高、运动强度较大的学生，教师可以适当降低运动强度，以免造成身体负担；而对于心率较低、运动强度较小的学生，教师则可以增加运动强度，确保他们得到充分的锻炼。

2. 个性化训练指导

可穿戴技术不仅提供个性化教学方案，还可实时监控学生的训练过程，提供个性化训练指导。例如，在跑步训练中，智能手表可实时监测学生的步幅、步频和心率，并提供调整建议，帮助学生优化跑步姿势，提高训练效果。在团队训练中，通过可穿戴设备实时了解每个队员的运动数据，教练可进行个性化的指导。例如，在足球训练中，教练可根据每个球员的心率和跑动数据，调整训练内容和强度，确保每个球员都能在最佳状态下进行训练。

（三）提供健康监测与反馈

可穿戴技术在健康监测与反馈方面具有重要作用，帮助学生和教师及时了解学生的健康状况，并提供科学的健康管理建议。

1. 健康监测

可穿戴设备持续监测学生的心率、血压、呼吸频率等生理指标，帮助学生和教师及时了解学生的身体状况。例如，智能手环可全天候监测学生的心率变化，发现异常情况时及时提醒学生和教师，避免过度运动或其他健康风险。例如，智能手表可以监测学生的心率变异性，这是一项反映身体压力和恢复状况的重要指标。通过分析监测到的数据，教师可以了解学生在不同训练阶段的身体反应，及时调整训练计划，避免因过度训练导致的疲劳和受伤。

2. 健康反馈

通过对健康数据的分析，可穿戴设备生成详细的健康报告，提供科学的健康管理建议。例如，智能手环根据学生的睡眠数据，提供改善睡眠质量的建议；根据学生的运动数据，提出增加运动量或调整运动方式的建议。这些健康反馈帮助学生养成健康的生活习惯，提高整体健康水平。

三、可穿戴技术在体育教学中的具体应用

（一）心率监测与运动量追踪

可穿戴设备如智能手环和智能手表通过内置心率传感器和运动传感器，能够实时监测学生的心率和运动量。这些数据在体育教学中具有重要应用价值。

1. 心率监测

心率是评估运动强度和学生身体状况的重要指标。通过心率监测，教师可实时了解学生的运动强度，确保他们在安全和适当的范围内进行锻炼。例如，在耐力训练中，教师可通过监测学生的心率，调整训练强度，确保学生在最佳心率区间内进行运动，提高训练效果。例如，在长跑训练中，教师可以通过心率监测设备，实时监控学生的心率，确保他们在合理的心率范围内进行训练，避免过度疲劳或运动不足。通过心率监测，教师可以根据每个学生的实际情况，调整训练强度和内容，确保训练的有效性和安全性。

2. 运动量追踪

运动量包括步数、距离和消耗的卡路里等，通过可穿戴设备的运动传感器实时追踪。教师可根据这些数据评估学生的运动量和活动水平。例如，通过追踪学生的步数和运动距离，教师可了解学生的运动习惯和活动水平，鼓励他们在日常生活中增加运动量，提高整体健康水平。

在日常体育教学中，教师可利用可穿戴设备追踪学生的运动数据，了解他们的运动习惯和活动水平。例如，通过分析学生的日常步数和活动量，教师可发现哪些学生运动不足，并针对性地进行指

导和鼓励，帮助他们养成良好的运动习惯。

（二）动作捕捉与姿态分析

动作捕捉技术通过传感器和摄像头实时记录学生的运动动作和姿态，生成详细的运动数据，为教学和训练提供科学依据。

1. 动作捕捉

动作捕捉技术可高精度地记录学生的每一个运动细节，如关节角度、运动轨迹和速度等。这些数据可帮助教师分析学生的技术动作，发现并纠正错误。例如，在篮球训练中，动作捕捉技术可记录学生的投篮动作，帮助教师发现投篮姿势中的问题，提供具体的改进建议。

在乒乓球训练中，动作捕捉技术可帮助教练分析学生的挥拍动作，找出其中的不合理之处。例如，通过捕捉学生的击球动作，教练可以发现学生在挥拍过程中存在的技术问题，如挥拍角度不准确、力量分配不均等，并提供针对性的改进建议，帮助学生提高击球准确性和力量。

2. 姿态分析

姿态分析通过对动作捕捉数据的分析，评估学生的运动姿态和技术动作的合理性。教师可根据姿态分析结果，为学生提供个性化的指导，优化技术动作。例如，在田径训练中，姿态分析可帮助教师评估学生的跑步姿势，发现步态和姿势中的不足，提供具体的改进方案，提高跑步效率并减少运动损伤风险。

（三）个性化运动方案的制定与实施

可穿戴技术通过数据分析，为每个学生制定个性化的运动方案，帮助他们实现最佳的运动效果和健康目标。

1. 个性化运动方案制定

可穿戴设备收集的心率、运动量和姿态数据，可为每个学生制定个性化的运动方案。通过对学生各项数据的综合分析，教师可以识别出每个学生的优点和不足，从而设计出针对性的训练方案。例如，对于那些心率较高且容易疲劳的学生，教师可以安排更多的有氧运动，并逐步增加运动强度以提高他们的耐力。相反，对于那些体能较好、运动表现优异的学生，教师可以设计更复杂的训练项目，包括高强度间歇训练和专项技术训练，以帮助他们达到更高的运动水平。

此外，教师还可以根据学生的长期健康数据，制定阶段性目标和长期训练计划。例如，教师可以设定每周、每月甚至每年的训练目标，通过逐步递进的方式，帮助学生实现持续的体能提升和健康改善。这种科学的训练计划，不仅能够帮助学生有效提高运动表现，还能够增强他们的自信心和成就感。

2. 个性化运动方案实施

实时监控和反馈是个性化运动方案实施的关键。通过可穿戴设备，教师可以在训练过程中随时获取学生的心率、运动量和疲劳度等重要数据。例如，当发现某个学生的心率过高时，教师可以立即提醒其降低运动强度，进行适当的休息，以避免过度训练和潜在的健康风险。此外，智能手环和手表还可以记录学生的训练时长、运动类型和消耗的卡路里，帮助教师全面了解学生的运动表现，并据此进行针对性的指导和调整。

另外，教师还可以通过可穿戴设备的记录数据，进行周期性的评估和总结。每隔一段时间，教师可以对学生的训练数据进行分析，评估其进步情况，并根据评估结果对训练方案进行必要的调整。例如，对于那些在特定运动项目中进步显著的学生，教师可以增加训练难度和强度，以进一步挑战他们的能力；对于那些进步较慢或遇到瓶颈的学生，教师可以调整训练方法，增加更多的恢复和调整时间，以帮助他们克服困难，实现更好的运动表现。

综上所述，可穿戴技术通过心率监测与运动量追踪、动作捕捉与姿态分析以及个性化运动方案的制定与实施，为体育教学提供了科学、精准的支持。这些技术不仅提升了教学效果，还促进了学生的个性化发展和全面健康管理，为体育教育的现代化和智能化进程提供了强有力的技术保障。通过这些先进技术的应用，教师能够更好地了解学生的个体差异，制定出更加合理和高效的教学和训练方案，帮助学生在安全、科学的环境中提高运动表现，增强身体素质，实现全面的发展和健康成长。

第五章

数字化体育教学资源的
开发与共享

第一节
数字化体育教学资源的分类与特点

随着信息技术的迅猛发展，数字化教学资源在体育教学中的应用日益广泛。数字化体育教学资源以其独特的优势，为体育教学提供了前所未有的便利和创新空间。本节将详细介绍数字化体育教学资源的分类及其特点。

一、数字化体育教学资源的定义与类型

数字化体育教学资源是指通过数字技术创建、存储和分发的教育资源，可用于体育教学的各种信息资源，旨在提高体育教学的效率和效果。这些资源以电子数据的形式存在，可以通过计算机、网络等数字化设备进行访问、传输和使用。根据资源的性质和用途，数字化体育教学资源可分为以下几类。

（一）电子教材与电子书

电子教材与电子书是数字化体育教学资源的重要组成部分。电子教材是将传统的纸质教材进行电子化处理，形成电子文件，便于学生通过电脑、平板或电子阅读器进行阅读和学习。电子书通常以PDF、ePub等格式呈现，包含文字、图片、视频和音频等多媒体内容，能够提供更加生动和直观的学习体验。

电子教材与电子书的优势体现在其便捷性、互动性以及内容更新的及时性上。首先，它们提供了便捷性，学生可以在任何时间、任何地点通过电子设备轻松访问教材内容，实现真正的自主学习。其次，通过嵌入丰富的多媒体元素，如动态图表、解说视频等，这些电子资源极大地增强了学习的互动性和趣味性，有助于激发学生的学习兴趣。最后，电子教材和电子书具有极高的更新效率，能够迅速反映最新的体育教学理论和实践成果，确保学生学习到最前沿的体育知识。

（二）教学视频与多媒体课件

教学视频与多媒体课件是数字化体育教学中的重要工具。教学视频通过影像和音频的结合，直观展示体育动作和技术要领，有助于学生更好地理解和掌握体育技能。多媒体课件则利用文字、图片、音频、视频和动画等多种媒体形式，生动形象地展示教学内容，增强学生的学习兴趣和参与度。

教学视频与多媒体课件的优势在于视觉、听觉的冲击力大，重播功能和互动性强。通过视觉和听觉的双重刺激，增强了学生的学习体验和记忆效果。特别是对复杂或难以用语言描述的体育动作和技巧，教学视频能够提供清晰、直观的展示，帮助学生更快地掌握动作要领。学生可以反复观看教学视频，深入理解和掌握教学内容。同时，多媒体课件的互动性设计，如模拟实践环节等，能够鼓励学生更加积极地参与到学习过程中来。

（三）虚拟实验室与模拟训练环境

虚拟实验室与模拟训练环境是利用虚拟现实和增强现实技术创建的虚拟学习空间。学生可以在虚拟环境中进行体育训练和实验操作，体验逼真的运动场景和训练过程。这种技术不仅提供了安全的训练环境，还能模拟各种复杂的运动情景，让学生在虚拟环境中练习和掌握运动技能。

虚拟实验室与模拟训练环境的最大优势在于其安全性、反复练习和个性化训练。它们为学生提供了一个风险极低的实践平台，学生可以放心大胆地尝试各种高难度的体育动作，而无须担心受伤的风险。此外，这些虚拟环境还具备高度的可重复性和可调整性，学生可以根据自己的需求和水平进行针对性的训练，实现个性化的技能提升。

（四）知识图谱

知识图谱是一种通过图形结构表示知识和信息的工具，能够将分散的知识点进行系统化和结构化的整理和连接，形成一个全面的知识网络。在数字化体育教学中，知识图谱可帮助学生清晰地了解各个知识点之间的内在联系和逻辑关系，形成系统的知识结构。同时，知识图谱可为体育教师提供教学设计和课程规划的依据，提高教学效果和质量。

知识图谱的优势在于系统性、直观性与支持个性化学习支持。首先，它能将庞杂的体育知识进行系统化、结构化的整理，帮助学生建立起清晰、完整的知识框架。其次，通过图形化的方式进行直观展示，知识图谱还能够直观地揭示知识点之间的关联关系，降低学生的理解难度并增强记忆效果。此外，基于知识图谱的个性化学习推荐系统还能够根据学生的学习进度和兴趣偏好提供精准的学习资源推荐，从而有效提升学生的学习效率和兴趣。

二、数字化体育教学资源的特点

随着信息技术的迅猛发展，数字化体育教学资源在体育教育领域的应用日益广泛，其独特的优势为体育教学注入了崭新的活力。我们将对数字化体育教学资源的特点进行详细解析，进一步揭示其在体育教育中的重要性和应用价值。

（一）可重复使用性

数字化体育教学资源具有显著的可重复使用性，这是其区别于传统教学资源的一个重要特点。传统的教学资源，如纸质教材和教具，往往只能一次性使用，且随着时间的推移会出现磨损、损坏等问题。然而，数字化资源不受这些限制，可以反复使用而不会造成资源的损耗。

1. 电子教材和教学视频

电子教材和教学视频是数字化体育教学资源中最常见的形式。它们可以存储在云端或本地设备上，教师和学生可以随时访问。电子教材的文本和图片内容可以随意调整字体大小、颜色和背景，提高了阅读的舒适性和可读性。教学视频可以反复播放，学生可以根据需要暂停、倒退和重播，有助于深入理解和掌握教学内容。

2. 虚拟实验室和模拟环境

虚拟实验室和模拟环境使得学生可以在一个虚拟的、安全的环境中进行体育实验和训练。无论是模拟篮球场、足球场，还是田径场，虚拟实验室都可以重复使用，不受时间和空间的限制。学生可以在虚拟环境中多次进行练习和实验，直到掌握相关技能和知识。这种重复使用性不仅提高了教学资源的利用效率，也降低了学校在设备和场地方面的成本投入。

3. 自主学习和复习机会

数字化体育教学资源的可重复使用性为学生提供了更多的自主学习和复习机会。学生可以根据自己的学习进度和兴趣反复使用这些资源进行自主学习。例如，他们可以在课后通过电子教材复习课堂内容，通过教学视频回顾教学重点，通过虚拟实验室进行自主训练。这种灵活性和便利性有助于提高学生的学习效果和自我管理能力。

（二）资源的多样性与灵活性

数字化体育教学资源以其形式多样、内容丰富的特点，为体育教学提供了广泛的选择和灵活应用的可能性。

1. 多样化的教学资源

数字化体育教学资源包括电子书、视频教程、交互式课件、虚拟实验环境等多种形式。电子书提供了详细的理论知识，视频教程展示了具体的动作和技巧，交互式课件通过互动方式增强学生的参与感，虚拟实验环境则提供了真实感强的模拟训练。这些多样化的资源使得教师可以根据教学目标和学生需求灵活选择合适的资源，丰富教学内容，提升教学效果。

2. 灵活的编辑和更新

数字化资源具有很高的灵活性，教师可以根据教学需要对其进行编辑、修改和更新。例如，教师可以在电子教材中添加新的教学内容，更新视频教程中的示范动作，修改交互式课件中的问题设置。通过不断更新和完善，数字化资源可以始终保持与时俱进，满足不断变化的教学要求和学生的学习需求。

3. 个性化教学的支持

数字化资源的多样性和灵活性还为个性化教学提供了有力支持。教师可以根据不同学生的学习特点和能力水平，选择和配置不同的数字化资源。例如，对于基础较好的学生，可以提供难度较高的练习视频和模拟训练；对于基础薄弱的学生，可以提供更多的基础知识电子书和简单的互动课件。这种个性化的资源配置，有助于因材施教，提高教学效果。

（三）高效性与便捷性

数字化体育教学资源通过现代科技手段，实现了高效传输和快速访问，极大地提升了教学效率和便捷性。

1. 即时访问与共享

借助数字化技术和网络平台，数字化体育教学资源可以实现即时访问和共享。学生只需通过电子设备，如电脑、平板或智能手机，登录相应的教育平台或应用程序，即可随时随地访问所需的学习资源。不再受限于课堂时间和地点，学生可以根据自己的时间安排，自主选择学习时机，提高学习的灵活性和自主性。

2. 快速检索和处理

数字化资源具备强大的检索和处理功能。通过关键词搜索，学生可以迅速找到所需的资料和信息，提高学习效率。数字化资源的处理速度也大大加快，无论是下载、播放还是交互，都可以在几秒钟内完成，减少了等待时间，提升了学习体验。

3. 网络平台的支持

数字化体育教学资源通常依托于网络平台进行管理和分发。教育平台不仅提供了资源的存储和访问功能，还具备学习进度跟踪、在线测试、讨论交流等多种功能。这些功能的集成，使得数字化资源的使用更加便捷和高效，教师可以实时了解学生的学习进度和表现，及时进行教学调整和反馈。

综上所述，数字化体育教学资源以其独特的优势和特点，为体育教学注入了新的活力。通过合理利用这些资源，教师可以创造出更加生动、有趣且高效的体育课堂，从而提升学生的学习体验和教学效果。

第二节

数字化体育教学资源的开发

一、数字化教学资源开发的基本原则

在数字化体育教学资源的开发过程中，遵循基本原则是确保资源质量和实用性的关键。这些原则不仅指导资源开发的具体过程，还能确保资源有效提升教学效果和学生学习体验。

（一）以学生为中心

以学生为中心是数字化教学资源开发的核心原则。这一原则强调在开发资源时，要充分考虑学生的需求和特点，确保资源能够满足不同学生的学习风格和进度。

关注学生的学习需求。在开发数字化教学资源时，应深入了解学生的学习需求，包括他们在学习过程中遇到的困难和挑战。通过问卷调查、访谈和观察等方式，收集学生的反馈和建议，确保所开发的资源能够真正解决学生的实际问题。了解学生在不同体育项目中的兴趣、能力和挑战，针对性地设计资源，以提高学习效果。

适应多样化的学习风格。每个学生的学习风格和偏好各不相同，数字化教学资源应具备多样性，提供多种形式的学习材料，如

视频、音频、图像和互动课件等，以适应不同学生的学习需求。例如，视觉学习者可能更喜欢视频和图像，而听觉学习者则可能更喜欢音频讲解和互动讨论。

支持个性化学习。数字化教学资源应具有灵活性，允许学生根据自己的学习进度和兴趣选择学习内容和方式。通过提供个性化的学习路径和建议，帮助学生自主学习，提高学习效果。个性化学习支持还包括根据学生的体能状况、技能水平和学习目标，设计个性化的训练计划和评估方案。

（二）与课程目标紧密结合

数字化教学资源的开发应紧密结合课程目标，确保资源的内容和形式能够有效支持教学目标的实现。

明确课程目标。在开发资源前，应首先明确课程的教学目标和学习要求。资源的内容应围绕这些目标展开，确保每个资源都能直接或间接地帮助学生达到预期的学习成果。例如，在体育教学中，课程目标可能包括提高学生的身体素质、掌握基本运动技能和培养团队合作精神。

对齐教学内容。数字化教学资源的开发应与课程内容保持一致，确保资源能够有效补充和拓展课堂教学。资源的设计应注重教学内容的连贯性和系统性，帮助学生系统地掌握知识和技能。例如，在教授篮球技巧时，数字化资源应包括从基本动作到高级技巧的循序渐进的教学内容。

评估资源的教学效果。在资源开发的过程中，应不断评估其教学效果，通过学生反馈和学习数据分析，调整和优化资源的内容和形式，确保其能够有效提升教学质量。通过定期的评估和反馈，及时发现和解决资源中的不足，持续改进教学效果。

（三）确保资源的质量与实用性

高质量和实用性的资源是数字化体育教学资源开发的基本要求。只有高质量的资源才能真正提高教学效果，增强学生的学习体验。

内容的准确性和权威性。数字化教学资源的内容应科学、准确、权威。开发者应参考权威的学术资料和专家意见，确保资源内容的可靠性和学术性。例如，体育教学资源中的技术动作和训练方法应基于科学研究和专家建议，确保学生学习到正确的知识和技能。

技术的先进性和适用性。在开发数字化教学资源时，应采用先进的技术手段，确保资源的互动性和实用性。同时，资源应具备良好的兼容性，能够在不同的设备和平台上正常运行。例如，虚拟现实和增强现实技术可以为体育教学提供逼真的训练环境和互动体验，提升学生的学习效果。

用户体验的优化。数字化教学资源应注重用户体验，界面设计应简洁、美观、易于操作。资源的使用流程应清晰明了，帮助学生和教师能够方便、快捷地使用资源。例如，教学视频和互动课件应设计合理的导航和操作指引，确保用户能够轻松找到所需内容并顺利使用。

通过遵循上述基本原则，数字化体育教学资源的开发能够更加科学、规范，所开发的资源也能更加符合教学需求，真正发挥其在体育教学中的作用。这些原则不仅能够指导资源开发的全过程，还能确保资源在实际教学中发挥最佳效果，促进体育教育的创新和发展。

二、数字化教学资源开发的方法与步骤

数字化体育教学资源的开发是一个复杂而系统的过程，需要遵循科学的方法和系统的步骤，以确保资源的高质量和实用性。以下

内容将详细分析和丰富这一过程的各个环节。

（一）需求分析与资源规划

在开发数字化教学资源之前，必须进行详尽的需求分析和资源规划。这一步骤是整个开发过程的基础，决定了资源开发的方向和内容。

1. 需求分析

需求分析是资源开发的起点，通过全面了解学生、教师和课程的需求，明确资源开发的目标和方向。

分析学生需求。了解学生在学习过程中遇到的困难和需求，通过调查问卷、访谈、焦点小组等方式收集学生的反馈，确定他们在体育教学中的具体需求。这些需求可能包括对某些运动技能的额外指导、更多的练习机会，或者对复杂运动概念的可视化解释。学生的反馈能够帮助开发者设计出更贴合实际需要的教学资源，提升学习效果。

分析教师需求。了解教师在教学中面临的挑战和需求，确定资源开发的方向和内容，确保资源能够有效支持教师的教学工作。教师可能需要更多的教学辅助工具、详细的教学视频或者易于使用的教学平台来提高教学效率和效果。通过与教师的深入交流，开发者可以明确哪些方面需要改进，哪些教学环节需要更强的技术支持。

分析课程需求。分析课程的教学目标和内容，确定资源开发的重点和方向，确保资源能够紧密结合课程目标，支持教学效果的提升。这包括对课程大纲的深入分析、对课程目标的详细了解以及对教学重点和难点的识别。开发者应当确保教学资源能够覆盖课程的各个方面，帮助教师达到预期的教学效果。

2. 资源规划

在明确需求后，进行资源的整体规划，确定资源的类型、内容和形式。

确定资源类型。根据需求分析结果，确定需要开发的资源类型，如电子教材、教学视频、虚拟实验室等。每种资源类型都需要具体的设计和制作方案，以确保其能够有效地支持教学和学习。例如，电子教材应包括图文并茂的理论知识和实际操作指南，教学视频应包含清晰的动作演示和分步讲解，虚拟实验室则应提供交互性强的模拟训练环境。

规划资源内容。规划资源的具体内容，确保资源能够覆盖课程的各个方面，满足教学和学习的需求。这需要详细的内容大纲和逐步的内容开发计划，确保资源内容的科学性、系统性和完整性。例如，电子教材的内容应当包括详细的章节目录、丰富的图表和练习题，教学视频应根据不同的教学单元进行细致划分，虚拟实验室则应包含不同层次和难度的练习任务。

设计资源形式。根据资源类型和内容，确定资源的具体形式，如视频的拍摄和制作，电子教材的设计和排版等。这需要对资源形式的可行性和有效性进行评估，确保最终资源的高质量和实用性。例如，视频拍摄需要高质量的摄像设备和专业的制作团队，电子教材的设计需要美观大方、易于阅读，虚拟实验室的开发需要先进的技术支持和强大的互动功能。

（二）内容制作与技术支持

在完成需求分析和资源规划之后，内容制作与技术支持是资源开发的核心环节。这一环节决定了资源的质量和使用效果，需要严格的流程控制和技术保障。

1. 内容制作

内容制作是资源开发的核心环节，需要确保内容的科学性、准确性和可操作性。

科学设计教学内容。根据课程目标和需求分析结果，设计科学合理的教学内容，确保资源内容的学术性和权威性。设计过程应包括对教学内容的深入研究、详细的内容编写和科学的内容呈现。每个教学模块都应包含明确的学习目标、具体的教学步骤和可操作的练习活动，确保学生能够逐步掌握所需的知识和技能。

多媒体融合制作。结合多媒体技术，将文字、图片、音频、视频等多种元素有机结合，增强资源的互动性和趣味性。多媒体融合应注意各元素之间的协调和配合，以确保资源的整体效果。例如，在制作电子教材时，可以使用高清图片和动态图表来增强视觉效果，通过音频讲解来补充文本信息，利用视频演示来展示复杂的动作和流程，从而提高学习的直观性和吸引力。

确保内容实用性。确保资源内容的实用性和可操作性，能够直接应用于教学过程，帮助学生更好地理解和掌握知识和技能。这需要对资源内容的实用性进行反复测试和优化，确保其能够有效支持教学和学习。例如，在开发虚拟实验室时，应模拟真实的实验环境和操作步骤，使学生能够通过虚拟实验获得实际操作经验。通过多次测试和优化，确保虚拟实验能够准确反映实际操作的要点和注意事项。

2. 技术支持

技术支持是保障资源制作和使用的关键，确保资源能够顺利开发和使用。

选择适用平台。选择适合的数字化平台和工具，支持资源的开发、存储和分发。平台选择应考虑其功能性、易用性和稳定性，确保其能够满足资源开发和使用的需求。例如，选择一个具备强大多媒体支持、稳定运行和用户友好的在线教学平台，能够确保教学资源的高效开发和稳定分发。

提供技术保障。提供必要的技术支持和维护，确保资源在开发和使用过程中不会出现技术问题。技术保障应包括对技术问题的快速响应和解决，以及对平台和工具的定期维护和更新。例如，建立一个技术支持团队，负责监控平台的运行状况，及时处理技术故障，并定期更新平台软件和硬件，确保平台的稳定性和安全性。

进行技术培训。对教师和学生进行必要的技术培训，确保他们能够熟练使用数字化资源和平台，提升教学和学习效果。技术培训应包括对平台和工具的使用培训，以及对资源内容的理解和应用培训。例如，组织教师和学生参加定期的培训工作坊，学习如何使用在线平台进行课程管理和互动教学，以及如何利用多媒体资源进行自主学习和复习。通过技术培训，提升教师的教学技能和学生的学习能力，确保数字化教学资源的高效应用。

多层次技术支持体系。构建多层次的技术支持体系，确保不同层面的技术需求都能得到有效满足。首先，应设立校内技术支持中心，提供日常技术咨询和故障排除服务。其次，应与外部技术服务供应商建立合作关系，确保能够获得专业的技术支持和最新的技术更新。此外，还应建立在线支持平台，通过在线 FAQ、视频教程和实时在线帮助，提供 24/7 的技术支持服务，确保教师和学生随时能够获得技术帮助。

综上所述，内容制作与技术支持是数字化教学资源开发的关键环节，通过科学设计教学内容、结合多媒体技术、确保内容实用性、选择适用平台、提供技术保障和进行技术培训，可以有效提升资源的质量和使用效果，推动数字化教学资源的高效应用和推广。

（三）资源测试与评估反馈

资源制作完成后，需要进行全面的测试和评估，以确保资源的质量和功能。这一步骤是资源开发的最后一环，也是资源优化和改进的关键环节。

1. 资源测试

在资源开发完成后，进行全面的测试，确保资源的质量和功能。

（1）功能测试

功能测试是资源测试的基础环节，旨在确保资源在不同设备和平台上的正常使用。首先，应对资源的内容进行测试，确保所有文字、图片、音频和视频等元素都能正常显示和播放。其次，应对平台和工具的测试，确保资源在不同操作系统和设备（如计算机、平板、手机等）上都能顺利运行。最后，应对资源的交互性进行测试，确保所有交互功能（如点击、拖拽、输入等）都能正常使用，不会出现卡顿或错误。

（2）用户测试

邀请教师和学生进行试用，收集他们的反馈和建议，发现资源中的问题和不足。用户测试应包括对资源内容的反馈、对平台和工具的反馈，以及对资源使用体验的反馈。例如，教师可以评价资源的教学效果和实用性，学生可以反馈使用过程中遇到的困难和不便。这些反馈对于资源的改进和优化至关重要，可以帮助开发者发现潜在问题，及时调整和改进。

（3）优化调整

根据测试结果，对资源进行优化和调整，确保资源的质量和实用性。优化调整应包括对资源内容的调整、对平台和工具的优化，以及对资源交互性的改进。例如，发现某些教学视频的播放效果不好，可以重新录制或调整视频格式；如果某些交互功能不够直观，可以重新设计用户界面，提升用户体验。通过不断的优化调整，确保资源在正式使用前达到最佳状态。

2. 评估反馈

在资源投入使用后，进行持续的评估和反馈，确保资源能够持续改进和优化。

（1）收集使用反馈

收集教师和学生在使用过程中的反馈和建议，发现资源在实际使用中的问题和不足。使用反馈应包括对资源内容的反馈、对平台和工具的反馈，以及对资源使用体验的反馈。例如，教师可以反馈资源对教学效果的影响，学生可以反馈资源对学习的帮助和存在的不足。通过定期收集和分析这些反馈，可以及时发现资源在实际使用中存在的问题。

（2）效果评估分析

通过问卷调查、访谈等方式，对资源的使用效果进行评估，分析资源对教学和学习效果的影响。效果评估应包括对资源内容的评估、对平台和工具的评估，以及对资源使用体验的评估。例如，可以设计一份详细的问卷，调查学生对资源的满意度、资源对学习效果的影响，以及学生在使用过程中遇到的问题。通过对这些数据的分析，可以全面了解资源的实际效果，发现资源的优势和不足。

（3）持续改进优化

根据评估结果，对资源进行持续的改进和优化，确保资源能够不断适应教学和学习的需求。持续改进应包括对资源内容的改进、对平台和工具的优化，以及对资源交互性的改进。例如，根据学生的反馈，增加更多的互动内容和练习题；根据教师的建议，优化资源的组织结构和呈现方式。通过持续的改进和优化，确保资源始终保持高质量，能够有效支持教学和学习。

通过科学的方法和系统的步骤，数字化体育教学资源的开发能够更加规范和高效，所开发的资源也能更加符合教学需求，真正发挥其在体育教学中的作用。通过全面的测试和评估反馈，确保资源的质量和功能达到最佳状态，为教学效果的提升提供坚实保障。

三、数字化体育教学资源开发的挑战与解决策略

在数字化体育教学资源的开发过程中，面临着多方面的挑战。为了确保资源的高质量和有效应用，需要针对这些挑战制定相应的解决策略。

（一）技术资源欠缺

在开发数字化体育教学资源时，技术支持是一个关键因素。高质量的数字资源开发需要专业的技术支持，包括软件操作、多媒体制作、网络技术等。然而，实际操作中，技术支持不足的问题较为突出，影响了资源开发的进度和质量。

1. 技术资源挑战

技术开发与资源制作需要专业的技术支持，包括软件操作、多媒体制作、网络技术等。然而，许多学校在实际操作中面临技术设备的短缺，缺乏先进的硬件设备和软件工具，无法满足数字资源开发的需求。此外，专业技术人才的不足也是一个重大挑战。数字化资源开发需要熟悉多种技术的专业人才，但许多学校难以招募和留住这些人才，导致开发进度受阻或质量不佳。

技术的快速更新也是一大难题。数字技术更新速度快，学校难以跟上技术发展的步伐，导致开发的资源难以与时俱进。这些技术挑战不仅影响了资源开发的效率，也对资源的应用效果产生了不利影响。例如，一些学校可能缺乏先进的多媒体制作软件，这使得资源的视觉效果和互动性无法达到预期。此外，学校的网络基础设施不足也会影响资源的上传和共享，进而影响学生的使用体验。

2. 解决策略

针对上述挑战，可以采取以下策略。

　　加强技术团队建设。引进或培养具备相关技能的专业人才，提供持续的技术支持。设立专门的技术支持团队，负责开发和维护数字化体育教学资源。学校应积极招聘具有数字技术背景的人才，同时注重内部员工的技能提升。通过提供职业发展机会和技术培训，保持技术团队的稳定性和专业性。此外，可以设立专门的技术支持部门，负责日常技术问题的解决和资源维护工作。

　　与高校、研究机构合作。共享技术资源，提升技术支持能力。通过合作，获取更多技术支持和先进技术应用的经验。与高校和研究机构建立长期合作关系，共享实验室设备和研究成果，利用高校的技术优势提升资源开发的水平。此外，可以通过合作项目，引入高校和研究机构的技术专家参与资源开发，为学校提供专业的技术咨询和指导。

　　定期组织技术培训。提高开发团队的技术水平。通过系统化的培训，让开发团队掌握最新的技术和工具，提升整体技术能力。学校应定期组织内部和外部的技术培训，邀请行业专家举办讲座和工作坊，介绍最新的数字技术和应用案例。同时，鼓励开发团队参加技术研讨会和专业认证课程，不断提升自身的技术水平和创新能力。

　　提供充足的硬件和软件支持。确保学校配备足够的硬件设备和软件工具，满足数字资源开发的需求。学校应加大对硬件和软件的投入，购置高性能的计算机、先进的多媒体制作工具和高速网络设备，为开发团队提供良好的工作环境。此外，可以与技术供应商建立长期合作关系，获得最新技术设备的优先使用权和技术支持。

　　建立持续的技术更新机制。为了应对技术的快速变化，学校应建立持续的技术更新机制，及时引入和应用新技术。可设立技术更新基金，用于购置最新的技术设备和软件工具。定期评估现有技术的适用性和效果，及时淘汰过时技术，保持资源开发的先进性和实用性。

综上所述，数字化体育教学资源的开发在技术资源方面面临诸多挑战，但通过加强技术团队建设、与高校和研究机构合作、定期组织技术培训、提供充足的硬件和软件支持以及建立持续的技术更新机制，可以有效应对这些挑战，提高资源开发的质量和效率。这些策略不仅有助于解决当前面临的技术问题，还能为数字化体育教学资源的持续创新和发展提供坚实的保障。通过不断提升技术支持能力，学校可以开发出更高质量、更具互动性和实用性的数字化体育教学资源，为学生提供更丰富的学习体验。

（二）教师数字素养的提升

教师在数字化体育教学资源的开发和应用中扮演着重要角色。然而，许多教师的数字化教学能力不足，无法充分利用数字化资源进行教学。这不仅影响了资源的有效应用，也限制了数字化教学的推广和普及。

1. 教师数字素养的挑战

教师的数字化教学能力不足，许多教师缺乏数字化教学的经验和技能，无法充分利用数字化资源进行教学。此外，部分教师对新技术的应用持怀疑态度，缺乏积极性和主动性。技能培训的不足是主要问题之一，教师在数字化教学工具和资源的使用上缺乏系统的培训。同时，教师的时间和精力有限，承担大量教学任务的他们难以抽出时间进行数字化教学技能的学习和实践。此外，部分教师对新技术存在抵触情绪，担心技术应用会增加教学负担。

2. 解决策略

针对上述挑战，可以采取以下策略。

系统化培训。学校应定期组织系统化的数字化教学培训，帮助教师掌握最新的技术和教学方法。培训内容应涵盖数字化教学工具的使用、教学资源的开发与应用等方面。通过系统化的培训，教师可以熟练掌握数字化教学所需的各项技能，从而提高教学效果。此外，可以利用寒暑假和课余时间，安排集中培训和实践活动，帮助教师在短时间内掌握必要的技能。

激励机制。建立激励机制，鼓励教师积极参与数字化教学资源的开发和应用。对在数字化教学中表现突出的教师给予奖励和认可，提高他们的积极性。学校可以设立专项基金，用于奖励在数字化教学方面做出突出贡献的教师，激发他们的创新和参与热情。同时，可以通过评选优秀教学案例和举办教学竞赛等方式，营造良好的数字化教学氛围。

建立教师互助平台。搭建教师互助交流平台，鼓励教师分享数字化教学经验和资源，互相学习和提高。通过互助平台，教师可以交流经验，解决教学中的实际问题。例如，学校可以建立在线论坛或微信群，方便教师随时交流心得和疑问，互相帮助和支持。此外，还可以组织教师定期进行面对面的交流和分享活动，增进教师之间的沟通和合作。

提供时间和资源支持。为了帮助教师更好地提升数字素养，学校应提供充足的时间和资源支持。可以适当减少教师的教学任务，给他们留出更多时间进行学习和实践。此外，学校应提供必要的学习资源，如数字化教学工具和设备的使用手册、在线培训课程等，帮助教师更快掌握相关技能。

（三）资源的更新与维护

数字化教学资源的开发不仅需要一次性完成，更需要持续的更新和维护，以保持内容的时效性和准确性。然而，资源的更新和维护往往面临着资金、人力等多方面的制约。

1. 资源管理挑战

数字化教学资源需要不断更新以保持内容的时效性和准确性，但资源更新速度往往跟不上技术和课程发展的需要。此外，资源的维护和更新需要投入大量的人力、物力和财力，增加了学校的负担。具体表现如下：教学资源更新不及时，导致内容过时，无法满足教学需求。资源的维护成本高，增加了学校的财务压力，且缺乏统一的资源开发和维护标准，导致资源质量参差不齐，影响教学效果。

2. 解决策略

针对上述挑战，可以采取以下策略。

建立资源更新机制。建立定期更新机制，确保数字化教学资源能够及时更新，保持内容的时效性和准确性。制定详细的资源更新计划，定期对资源进行审核和更新。通过设立专门的资源管理团队，负责资源的更新和维护工作，确保资源的持续改进和优化。此外，可以通过用户反馈和教学评估，不断改进和完善资源内容，提高资源的实用性和教学效果。

标准化管理。制定统一的资源开发和维护标准，对数字化教学资源进行规范化管理，确保资源质量。通过标准化管理，提高资源的质量和一致性。学校可以制定详细的资源开发规范和质量标准，确保每个资源在开发和维护过程中都能达到既定的质量要求。此外，可以通过定期检查和评估，确保资源始终符合标准，并根据实际需求进行适时调整和优化。

引入外部资源。通过与科技公司、教育机构合作，引入优质的数字化教学资源，减轻学校的开发和维护负担。外部资源的引入不仅可以提高资源的质量，还可以丰富教学内容。例如，可以与知名的教育科技公司合作，使用他们提供的高质量教学软件和平台；或者通过与其他学校和教育机构的资源共享，获取更多优质的教学资源，进一步提升教学效果。

增加资金投入。争取政府和社会各界的支持，增加对数字化教学资源维护和更新的资金投入，确保资源的长期稳定发展。学校可以通过申请政府专项资金、寻求企业赞助等方式，获得更多的资金支持。此外，可以通过设立专项基金，专门用于资源的更新和维护，确保资源始终保持高质量和实用性。

综上所述，通过系统的技术支持、教师数字素养的提升和资源更新维护的保障，数字化体育教学资源的开发和应用将更加顺利，从而全面提升体育教学的质量和效果。这不仅有助于提高学生的学习效果和健康水平，还可以促进教师的专业发展，推动数字化教学的广泛普及和深入发展。通过这些措施，学校可以为学生提供更优质的教育资源和学习体验，实现教育质量的全面提升。

第三节

数字化体育教学资源共享的案例

随着数字化技术的快速发展，数字化资源共享成为教育领域的重要趋势。数字化体育教学资源的共享不仅提高了资源的利用效率，还在促进教育公平和提升教学质量方面发挥了重要作用。以下将详细阐述数字化资源共享的意义与优势。

一、数字化资源共享的意义与优势

（一）提高资源利用率

通过共享平台，优质的教学资源可以在不同国家、不同学校、不同地区之间流动，避免资源的浪费和重复建设。例如，一所学校开发的优秀体育教学视频，可通过共享平台供其他学校的师生使用，从而提高资源的利用效率。资源的集中管理和统一分配，使各类教学资源能得到最大化的利用，充分发挥其教育价值。

资源共享平台不仅包括教学视频，还涵盖了课件、教材、习题库、实验教程等多种形式的教学资源。这种多样化的资源共享方式，使得不同层次和需求的学校和师生都能找到适合自己的学习材料。例如，一些学校可能在某些学科上有优势，开发出高质量的教学资源，而通过共享平台，这些资源可以被其他学校的师生所用，从而实现资源的最佳配置。此外，资源的集中管理和统一分配，可以减少重复开发和浪费，提高教育资源的整体利用率。

另外，数字化资源的共享使得资源更新更为便捷和及时。教师和教育机构可以通过共享平台发布最新的教学资源和研究成果，确保教育内容的前沿性和实效性。这种资源的快速更新和共享，使得教育内容能够与时俱进，始终保持高质量和高标准，进一步提高教学效率和教学效果。

（二）促进教育公平

数字化资源共享有助于促进教育公平，缩小教育资源分配的不均衡。通过共享平台，偏远地区和经济欠发达地区的学校能获取到优质的教学资源，提升教学质量。例如，国家智慧教育公共服务平台汇集了大量优质的体育教学资源，任何学校和学生都可以免费使用。这种资源共享模式，使得不同地区的学生能够享受到同等的教育资源和学习机会，有效弥补了教育资源分配上的差距。

在传统教育模式下，偏远和经济欠发达地区的学校由于资金和师资力量的限制，往往难以获取优质的教学资源，导致教育质量不高。而数字化资源共享打破了地域和经济的限制，使得这些地区的学生也能够接触到最优秀的教学资源。例如，通过互联网，偏远地区的学生可以观看到一流教师的讲课视频，参与到在线互动课程中，与全国乃至全球的同龄人一起学习和交流，享受同等的教育机会。

此外，数字化资源共享还可以促进不同地区、不同学校之间的教育交流与合作。通过共享平台，教师和学生可以分享各自的教学经验和学习心得，互相借鉴和学习，从而共同提升教育水平。例如，城市学校可以通过共享平台，向农村学校提供教学支持和帮助，促进城乡教育的均衡发展，推动教育公平的实现。

（三）提升教学质量

共享优质的数字化体育教学资源，可以显著提升教学质量。通过资源共享，教师可借鉴其他学校的优秀教学资源和教学方法，优化自己的教学设计，提高教学效果。例如，教师可以通过共享平台获取最新的教学视频和多媒体课件，丰富课堂教学内容，增强学生的学习兴趣和参与度。此外，资源共享还可促进教师之间的教学交流与合作，推动教学方法的创新和改进，提升整体教学水平。

数字化资源共享为教师提供了一个广阔的平台，展示和分享自己的教学成果。教师可以通过平台上传自己的教学资源，如课件、视频、案例分析等，供其他教师参考和使用。这不仅提升了教师的职业成就感，也促进了教学资源的多样化和丰富性。例如，一位教师在教学中探索出了一种新的教学方法，通过共享平台分享后，其他教师可以借鉴和应用到自己的教学中，从而共同提高教学质量。

此外，资源共享还可以促进教师的专业发展。通过平台，教师可以接触到最新的教育理念和教学方法，参加各类在线培训和研讨会，提升自己的教学水平和专业素养。例如，一些教育机构和专家会在平台上发布关于教育改革和创新的研究成果，教师可以通过学习这些内容，不断更新自己的知识结构和教学方法，推动教学的不断进步。

（四）数字化资源共享的综合优势

数字化资源共享不仅在提高资源利用率、促进教育公平和提升教学质量方面具有显著优势，还为教育的现代化和信息化发展提供有力支持。通过有效利用和共享数字化体育教学资源，可实现教育资源的最大化利用，推动教育公平和质量的全面提升。

首先，数字化资源共享推动了教育的现代化和信息化发展。通过共享平台，教育资源得以数字化、信息化，形成了一个开放、互联的教育生态系统。学生和教师可以随时随地访问和使用这些资源，打破了时间和空间的限制，提高了学习和教学的灵活性和效率。

其次，数字化资源共享促进了教育创新。通过共享平台，教师和学生可以接触到最新的教育理念和教学方法，促进教学模式和手段的不断创新。例如，翻转课堂、在线学习、混合式教学等新型教育模式，都是在数字化资源共享的基础上发展起来的。这些教育创新，不仅提高了教学效果，也为学生提供了更多的学习选择和机会。

最后，数字化资源共享为教育研究和改革提供了丰富的素材和数据支持。通过分析和研究共享平台上的大量教育资源和用户数据，教育研究者可以深入了解教育现状和问题，探索教育改革的路径和方法。例如，通过对共享资源的使用情况和反馈进行分析，可以发现哪些资源和教学方法更受欢迎和有效，从而为教育决策和政策制定提供更为科学的依据。

综上所述，数字化资源共享在提高资源利用率、促进教育公平和提升教学质量方面具有重要意义和显著优势。通过有效利用和共享数字化体育教学资源，可以实现教育资源的最大化利用，推动教育公平和质量的全面提升，为教育的现代化和信息化发展提供有力支持。

二、数字化资源共享的实践案例

国家智慧教育公共服务平台是由中华人民共和国教育部指导，教育部教育技术与资源发展中心主办的教育平台。该平台于2022年3月28日正式上线，旨在为全国高校师生和社会学习者提供高效便捷的教与学服务，助力教育现代化和信息化的发展。

截至2023年6月，平台累计浏览量达260亿次，访客量超19.2亿人次，访问用户覆盖200多个国家和地区。截至2023年底，平台的累计注册用户超过1亿人，浏览量超过367亿次，访客量达到25亿人次。国家智慧教育公共服务平台不仅在国内教育领域产生了深远影响，还逐步走向国际，成为全球教育资源共享的重要平台。

该平台汇聚了大量的教育资源，包括中小学资源8.8万条、职业教育在线精品课程超过1万门、高等教育优质慕课2.7万门。这些资源覆盖了从基础教育到高等教育的各个阶段，全面赋能学生学习、教师教学、学校治理、教育创新和国际合作。平台上的资源种类丰富多样，涵盖了各个学科和领域，为不同阶段、不同需求的学习者提供了全面的支持。

在体育教学资源方面，国家智慧教育公共服务平台同样进行了丰富和拓展。平台提供了包括体育在内的多种学科的资源，服务师生自主学习和教师改进教学等。这些资源不仅限于传统的体育教学，还包括各类数字化体育教学素材，如教学视频、电子教材、多媒体课件等，供教师和学生自由选择和使用。

具体来说，平台上的体育教学资源涵盖了从基础理论到实际操作的各个方面。教学视频详细展示了各种体育项目的技术动作和训练方法，电子教材提供了系统的体育知识和理论指导，多媒体课件则结合了文字、图片、视频等多种形式，使教学内容更加生动直观。此外，平台还特别注重体育教育的互动性和实践性。通过在线互动功能，教师可以与学生进行实时交流和指导，解答学生在学习过程中遇到的问题。同时，平台还支持教师上传自制的教学资源和分享教学经验，促进教师之间的交流与合作。例如，教师可以上传自己录制的教学视频，分享成功的教学案例，互相学习和借鉴，进一步提升教学质量。

总结来说，国家智慧教育公共服务平台通过汇聚和共享海量优质教育资源，提升了教育资源的利用效率，促进了教育公平，显著提升了教学质量。特别是在体育教学资源方面，平台通过提供丰富多样的数字化教学素材，支持教师和学生的自主学习和互动交流，推动了体育教育的创新与发展。

案例一：山东大学的"数智化生态教学场"

山东大学利用国家智慧教育平台，通过数字赋能、覆盖2506个教学班的"生态教学场"是一种混合式教学体系，既有线下教学，也有线上教学。学生们通过线上讨论、线下协作，实现"互通、互动、互联"；教师们通过线上答疑、线下研讨，促进"共进、共享、共建"。通过这种模式，山东大学不仅提升了教学质量，还为学生提供了一个更加灵活和互动的学习环境。

案例分析

（一）数智化生态教学场的结构与功能

"数智化生态教学场"是山东大学为实现现代化教育目标而实施的一项重要举措。该系统通过数字化手段，实现了教学资源的整合和优化。以下是该系统的主要特点和功能。

1. 混合式教学体系

混合式教学是数智化生态教学场的核心。该体系将线下教学和线上教学相结合，充分发挥两者的优势。线下教学保证了师生面对面的互动和交流，增强了课堂教学的实际效果。线上教学则利用互联网和数字技术，提供丰富的教学资源和灵活的学习方式。例如，学生可以通过线上平台访问课程资料、观看教学视频、参加讨论和提交作业，从而在课外时间进行自主学习和复习。

2. 互动学习环境

数智化生态教学场为学生提供了一个高度互动的学习环境。线上讨论和线下协作相结合，促进了学生之间的交流与合作。例如，在课程中，教师可以通过线上平台发布预习资料和讨论题目，学生可以在课前进行阅读和思考，然后在课堂上进行小组讨论和互动交流。这种模式不仅提高了学生的学习积极性，还培养了他们的团队合作能力和批判性思维。

3. 教师教学创新

数智化生态教学场为教师提供了丰富的教学工具和资源，促进了教学方法的创新。例如，教师可以通过线上平台进行答疑和辅导，发布学习资料和作业，并实时监控学生的学习进度和表现。线上平台还支持教学研讨，教师可以在平台上分享教学经验和案例，互相学习和借鉴，进一步提升教学水平。此外，通过平台的数据分析功能，教师可以了解学生的学习情况，及时调整教学策略，提高教学效果。

4. 灵活的学习时间和地点

数智化生态教学场打破了传统教学模式中时间和空间的限制。学生可以在任何时间、任何地点进行学习，极大地方便了他们的学习安排。例如，学生可以利用课余时间观看教学视频，进行自主学习和复习，从而更好地掌握课程内容。这种灵活性不仅提高了学习效率，还为学生提供了更多的学习选择和机会。

（二）成果与影响

通过实施数智化生态教学场，山东大学在多个方面取得了显著的成果和影响。

1. 提升教学质量

数智化生态教学场通过优化教学资源和教学方法，显著提升了教学质量。线上平台提供的丰富资源和灵活的学习方式，使学生能够更全面和深入地理解课程内容。通过线上讨论和线下互动，学生的参与度和学习积极性大大提高，学习效果显著增强。

2. 激发学生学习积极性

数智化生态教学场为学生提供了一个自由、开放和互动的学习环境，极大地激发了他们的学习积极性。例如，学生可以通过线上平台进行自主学习和互动交流，提出问题和分享观点，从而在学习过程中不断探索和创新。这种学习模式不仅提高了学生的学习效果，还培养了他们的自主学习能力和创新思维。

3. 促进教师教学方法创新

数智化生态教学场为教师提供了丰富的教学工具和资源，鼓励他们进行教学方法的创新和探索。例如，教师可以利用线上平台进行多样化的教学活动，如线上答疑、视频讲解、小组讨论等，从而不断优化教学设计和提高教学效果。此外，通过平台的数据分析功能，教师可以及时了解学生的学习情况，调整教学策略，进一步提升教学质量。

4. 增强师生互动

数智化生态教学场通过线上和线下相结合的方式，增强了师生之间的互动和交流。例如，教师可以通过线上平台与学生进行实时交流，回答学生的问题，提供学习指导和建议。同时，学生也可以通过平台分享学习心得和经验，与教师和同学进行互动交流。这种互动不仅增进了师生之间的了解和信任，还促进了教学相长和共同进步。

5. 推动教育信息化发展

数智化生态教学场的成功实施，推动了山东大学教育信息化的发展。通过数字化手段，学校实现了教学资源的整合和优化，提高了教学管理的效率和质量。同时，数智化生态教学场的实施也为其他学校提供了有益的经验和借鉴，推动了整个教育系统的信息化进程。

（三）案例分析总结

山东大学的"数智化生态教学场"是数字化教育的成功实践，通过整合线上和线下教学资源，创造了一个互动性强、灵活性高的学习环境。学生在这种环境中，不仅能够更加自主地安排学习时间，还能通过丰富的资源和多样的互动方式，提高学习效果和学习兴趣。教师通过这一平台，也能不断优化教学方法，提升教学质量。

这一模式不仅提升了教学质量和学生的学习体验，还为教师提供了创新和发展的平台，推动了教育信息化的进程。这种教学模式的成功经验可以为其他高校和教育机构提供宝贵的参考，推动数字化教育的普及和深化，进一步实现教育公平和教育质量的提升。

案例二：天津科技大学的课程改革

天津科技大学借助国家智慧教育平台，天津科技大学的所有课程修读都打破了年级和专业限制，97门课程实现了滚动开课。学校还结合工程教育专业认证、IFT国际认证等认证要求，增设分级高阶选修课50门，并进行基础课程分级分类教学，因材施教，让学生获得个性化培养。

案例分析

（一）课程改革的具体措施

1. 打破年级和专业限制

天津科技大学的课程改革首先在于打破了年级和专业的限制，使得所有课程的修读更加灵活。这种做法使学生可以根据自己的兴趣和需求选择课程，进行跨专业学习。例如，一个化学工程专业的学生可以选择修读计算机科学的课程，从而获得跨学科的知识和技能。这种跨学科的学习不仅丰富了学生的知识结构，也提高了他们的综合素质和竞争力。

这种打破年级和专业限制的改革，还体现在课程开设的灵活性上。学校实现了97门课程的滚动开课，即同一门课程可以在不同的学期和时间段重复开设，学生可以根据自己的学习进度和时间安排，灵活选择修读时间。这种做法避免了课程冲突，提高了课程的利用率和学生的学习自主性。

2. 增设分级高阶选修课

为了满足不同学生的个性化学习需求，天津科技大学在课程改革中增设了分级高阶选修课50门。这些高阶选修课不仅包括专业课程，还涵盖了通识教育和跨学科课程。通过这种分级教学，学生可以根据自己的兴趣和学习水平选择适合自己的课程，进一步深化和拓展自己的知识领域。

例如，工程专业的学生可以选择参加国际认证标准下的高级工程课程，提升自己的专业技能和国际视野。而对于那些希望拓展跨学科知识的学生，可以选择修读人文社科、经济管理等领域的高阶课程。这种分级选修的方式，不仅满足了学生的个性化需求，也提高了他们的学习自主性和积极性。

3. 基础课程分级分类教学

天津科技大学的课程改革还包括对基础课程的分级分类教

学。这种因材施教的方式，针对不同学习水平的学生，提供不同难度和深度的教学内容。例如，数学基础较好的学生可以选择高难度的数学课程，而基础较薄弱的学生则可以选择基础性的数学课程，从而保证每个学生都能在适合自己的难度水平上学习，提高学习效果。

这种分级分类教学，有助于学生在打好基础的同时，逐步提升自己的学习能力和学术水平。教师可以根据学生的不同需求，制定相应的教学计划和辅导方案，提供有针对性的教学支持和指导，从而实现更有效的教学和学习。

（二）课程改革的成果与影响

1. 提高课程的灵活性和可访问性

通过打破年级和专业的限制，天津科技大学的课程改革显著提高了课程的灵活性和可访问性。学生可以根据自己的兴趣和需求自由选择课程，进行跨学科学习。这种灵活性不仅丰富了学生的学习体验，也增强了他们的学习主动性和积极性。例如，学生可以根据自己的职业规划和兴趣爱好，选择相关的选修课程，拓展自己的知识和技能，为未来的职业发展做好准备。

2. 满足学生的个性化培养需求

课程改革通过增设分级高阶选修课和基础课程分级分类教学，满足了学生的个性化培养需求。学生可以根据自己的学习水平和兴趣选择适合自己的课程，进行个性化的学习和发展。例如，一位对人工智能感兴趣的学生，可以选择计算机科学的高级课程，深入学习相关知识，并进行相关项目的研究和实践。这种个性化的培养方式，不仅提高了学生的学习效果，也培养了他们的创新能力和实践能力。

3. 提高教育质量

天津科技大学的课程改革在提高教育质量方面也取得了显著的

成效。通过灵活多样的课程选择和个性化的培养方式，学生的学习积极性和参与度显著提高，学习效果更加显著。教师通过因材施教的方式，能够更有效地传授知识，提升教学质量和效果。例如，教师可以根据不同学生的需求，设计不同的教学内容和教学方法，提供更加有针对性的辅导和支持，提高学生的学习效果。

4. 培养具有创新精神和实践能力的人才

课程改革通过跨学科和分级教学，培养了学生的创新精神和实践能力。例如，学生在跨学科课程的学习过程中，可以接触到不同领域的知识和方法，激发他们的创新思维和创造力。同时，学校通过增加高阶选修课和实践课程，为学生提供了更多的实践机会和平台，培养他们的实际操作能力和解决问题的能力。这种创新和实践能力的培养，为学生未来的职业发展和社会适应提供了坚实的基础。

（三）案例分析总结

天津科技大学的课程改革，借助国家智慧教育平台，通过打破年级和专业限制，增设分级高阶选修课和基础课程分级分类教学，实现了课程的灵活开放和个性化培养。这一改革不仅提高了课程的灵活性和可访问性，满足了学生的个性化培养需求，还显著提升了教育质量，培养了具有创新精神和实践能力的人才。

这种课程改革模式，为其他高校的教学改革提供了有益的借鉴和参考。通过灵活多样的课程选择和个性化的培养方式，高校可以更好地适应学生的多样化需求，提升教育质量和教学效果，培养出更加适应社会发展和需求的高素质人才。天津科技大学的成功经验，展示了数字化教育平台在促进教育改革和创新方面的重要作用，为推动教育现代化和信息化发展提供了宝贵的实践案例。

案例三：福州格致中学的"6C"i智慧课堂 ▷▷▷▷▷▷▷▷▷

在国家教育信息化实现跨越式发展，深度推进教育数字化转型的战略部署下，福州格致中学把握国家中小学智慧教育平台正式运行的契机，结合新课程改革、教育信息化2.0行动计划和学生核心素养发展的需要，明确了"国家平台供给资源，省级平台打造空间，校本空间特色服务"的工作思路，融通国家、省级、校级平台，共同支撑学校数字化教育转型，形成了具有格致特色的"6C"i智慧课堂改革理念，旨在以精准教研提升教师专业水平，以教与学方式的变革助力学生成人成才，以数字化转型推动学校高质量发展。图5-1为福州格致中学"6C"i智慧课堂的教学流程优化。

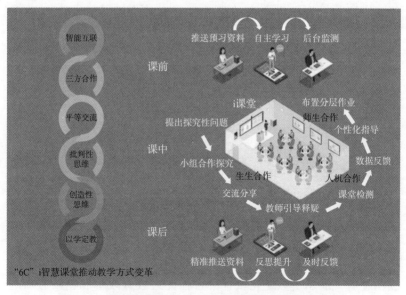

图5-1 福州格致中学"6C"i智慧课堂的教学流程优化

资料来源：教育部科学技术与信息化司. 国家智慧教育平台应用创新案例｜福建省福州市格致中学［EB/OL］.（2023-08-29）［2023-10-26］. https：//www. ict. edu. cn/html/special/2023/0829/4299. html.

　　福州格致中学通过一系列改革措施，取得了显著成效。学校借鉴国家优质课程建设思路，特别是在德、体、美、劳和课后服务等方面，创新校本课程建设，完善了"修身·求真"多样化可选择课程体系。通过深度应用平台资源，学校将学科课堂与育人课堂融合，打造了"立德树人"新课堂，以学生为本，提升了学生的综合素质。利用国家中小学智慧教育平台，学校深化了信息技术与校本教研的融合，推动了教师专业发展。通过打造"数字格致"平台，学校实现了家校社协同育人，有效回应了家庭的多元需求，提升了家庭教育指导的效果。总体而言，福州格致中学的改革优化了课程体系、提升了教学质量、促进了教师发展，并通过数字平台实现了家校社协同育人，为学生提供了更加全面和优质的教育服务，成为教育创新和发展的典范。图 5－2 为福州格致中学基于国家智慧教育平台的教研模式。

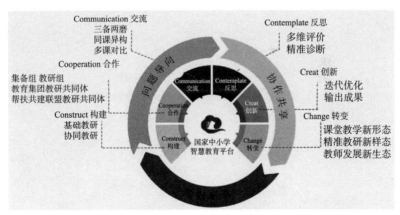

图 5－2　福州格致中学基于国家智慧教育平台的教研模式

　　资料来源：教育部科学技术与信息化司. 国家智慧教育平台应用创新案例｜福建省福州市格致中学［EB/OL］.（2023－08－29）［2023－10－26］. https：//www. ict. edu. cn/html/special/2023/0829/4299. html.

　　综上所述，国家智慧教育公共服务平台面向全球学习者提供公益性学习支持服务和优质教育资源。平台还荣获联合国教科文组织教育信息化奖，并上线了国际版，支持多种语言，提供国际会议信息、教育资源等。这种模式推动了全球教育信息化的发展，提高了平台在国际教育领域的影响力，同时，为全球学习者提供了更多的学习机会，促进了教育公平和质量的提升。

第六章

数字化技术赋能体育教学评价

第一节

数字化体育教学评价的理论基础

2020年10月，中共中央、国务院高瞻远瞩，印发了《深化新时代教育评价改革总体方案》①。此方案不仅为新时代教育评价改革指明了方向，更着重强调了现代信息技术，特别是人工智能和大数据在教育评价中的重要作用。它明确指出，我们应当充分利用这些前沿技术来创新评价工具，从而确保教育评价更加科学、专业和客观。

随着科技的迅猛发展，人工智能与大数据已经成为当今社会发展的重要驱动力。它们在教育领域的应用，无疑将为教育评价带来革命性的变革。教育评价与人工智能的深度融合，不仅意味着评价方式方法的升级，更代表着教育理念和教育模式的创新与进步。

---

① 新华社．中共中央 国务院印发《深化新时代教育评价改革总体方案》[EB/OL]．(2020 – 10 – 13) [2023 – 03 – 25]．http：//www. qstheory. cn/yaowen/2020 – 10/13/c_1126601844. htm.

一、数字化教学评价的基本概念

（一）数字化教学评价的内涵

数字化教学评价的内涵丰富而深远。它不仅体现了评价方式的现代化，还通过数据驱动的方式提高了评价的效率和准确性。通过全面的数据收集与分析，数字化教学评价可以多维度地反映学生的学习情况和教师的教学效果，为教学改进提供有力支持。此外，数字化教学评价强调个性化和差异化，能够针对每个学生的特点和需求提供精准的教学反馈，进而提升教学效果和学生的学习体验。

数据驱动的评估。通过对学生的学习数据进行全面收集和分析，数字化教学评价可以实时监控学生的学习进展和表现。数据驱动的评估不仅能够提供量化的评价结果，还能揭示学生在学习过程中存在的问题和不足，从而为教学改进提供科学依据。例如，分析学生在课堂上的注意力集中情况、作业完成情况、课后复习情况等，帮助教师全面了解学生的学习状态，及时发现问题并加以解决。

多维度综合评价。数字化教学评价不仅关注学生的学业成绩，还包括对其体能、心理健康、社交能力等多方面的评价。通过多维度的综合评价，能够更全面地反映学生的综合素质和发展状况。例如，评价体系可以包括学生的体能测试结果、体育课表现、课外体育活动参与度等，全面评估学生的身体素质、运动技能和健康状况。

实时反馈与调整。数字化教学评价系统能够在教学过程中实时提供反馈，帮助教师及时了解学生的学习情况，并根据反馈信息调整教学策略和方法。实时反馈与调整不仅提高了教学的有效性，还增强了学生的学习体验和参与度。例如，通过实时监控学生的运动表现，及时调整训练强度和内容，提高训练效果。

个性化指导与支持。基于数字化教学评价的结果，教师可以为每个学生提供个性化的学习建议和指导，帮助学生根据自己的特点和需求进行学习和训练。个性化指导与支持有助于提升学生的学习效果和自信心。例如，根据学生的体能测试结果，制定个性化的训练计划，帮助学生提高运动能力和身体素质。

（二）教学评价的发展趋势

教学评价的发展历程反映了技术进步对教育评价方式的深远影响。从传统的纸质评价到现代的智能化评价，教学评价变得更加高效、科学和个性化，为提升教学质量和学生学习效果提供了有力支持。

在传统体育教学中，教学评价主要依赖于纸质测试和人工评分。这种方式不仅效率低下，而且容易出错，难以保证评价结果的客观性和准确性。教师花费大量时间进行评分，而学生的学习反馈也不够及时，影响了教学质量的提升。早期的教学评价方法主要以期末考试为主，评价内容单一，难以全面反映学生的学习情况。随着数字化时代的到来，教学评价开始与数字技术相融合，逐步向电子化、数据驱动教学评价、智能化教学评价发展。

1. 评价手段电子化

随着计算机技术和网络技术的普及，教学评价逐渐向电子化转变。最初，数字化教学评价主要体现在电子化的测试和评分系统上，实现了评分的自动化和快速化。电子化阶段显著提高了评价的效率和准确性，但仍主要集中在基本的测试与评分上，对学生的全面评价仍有局限。在这个阶段，电子考试系统和在线测评平台得到了广泛应用，但其功能和应用范围较为有限，主要用于单一学科的知识测试和成绩评定。

2. 数据驱动评价信息

通过收集和分析大量的数据，为教学和学习提供更精准的支持。数据驱动阶段不仅能够全面反映学生的学习行为和表现，还能帮助教师发现教学中的问题，提供改进建议。此阶段强调对学生学习过程的全程记录和分析，增强了评价的全面性和科学性。数据驱动阶段的教学评价系统不仅能够评估学生的学习效果，还能够预测学生的学习进展，提供个性化的学习建议。

3. 评价方式智能化

随着人工智能技术的进一步发展，数字化教学评价开始向智能化方向发展。智能化阶段通过智能算法为教师和学生提供更加智能化、个性化的服务。智能评估系统可根据学生的学习情况，自动生成个性化的学习方案，并提供实时的指导和反馈，进一步提升教学质量和学生的学习效果。此阶段标志着教学评价进入了更加智慧、精准和个性化的新高度。智能化教学评价系统不仅能够自动生成评估报告，还能够提供教学改进建议，帮助教师优化教学策略，提高教学效果。智能化教学评价还能够实时监控学生的学习状态，及时发现问题并提供解决方案，促进学生的全面发展。

通过对教学评价发展趋势的总结，我们可以看到，教学评价方式的不断演进，是技术进步和教育需求变化的结果。未来，随着数字化技术的不断发展，教学评价将更加智能化、个性化和科学化，为提升教学质量和学生学习效果提供更有力的支持。

（三）教学评价数字化转型的主要矛盾

随着数字化技术在教育领域的不断渗透，教学评价方式也在发生着深刻的变革。然而，在这一过程中，一系列矛盾也随之而来，这些矛盾主要体现在"新技术"与"旧标准"之间的冲突、"单向度"与"多模态"之间的平衡、"高赋能"与"高负担"之间的取舍，以及"技术性"与"伦理性"之间的对立①。这些矛盾需要在教育实践中加以平衡和解决，以实现数字化教学评价的最佳效果。

1. "新技术"与"旧标准"之间的矛盾

新技术的快速发展带来了教学评价方式的革新。人工智能、大数据分析和机器学习等技术，使得个性化、实时化的评价成为可能。这些新技术可以自动收集和分析学生的学习数据，从而提供更全面和精准的反馈。但旧的评价标准和方法无法适应新技术带来的变革。传统的考试和作业评分系统主要关注学生知识掌握的准确性和完整性，但新技术能够评估学生的学习过程、思维能力、创新精神与团队合作精神等多方面的表现。这种差异会导致新技术的优势无法充分发挥，旧标准的使用同样会限制了数字化评价的潜力。

例如，在引入基于大数据分析的教学评价系统时，发现传统的分数制无法充分反映学生的全面发展。这时候，教育机构需逐步调整评价标准，使其与新技术的特点相适应。同时，保证旧标准的稳定性不被忽视，确保在新旧交替过程中评价的公平性和科学性不受影响。

2. "单向度"与"多模态"之间的矛盾

传统的教学评价往往是单一维度的，主要侧重于知识掌握程度。通过考试、测验和作业来评估学生的知识水平，忽略学生在技能、态度、合作能力等方面的发展。数字化技术使多模态评价成为可能。通过多种数据来源和评价工具，如在线测试、项目评估、互动讨论和协作项目等，能够全面评估学生的各方面能力。大数据分析可以综合考虑学生的学习行为、参与度和合作表现，从多个维度

---

① 曹培杰，王阿习. 新一代数字技术何以赋能教育评价改革［EB/OL］.（2023 – 10 – 28）［2023 – 11 – 05］. http://www.moe.gov.cn/jyb_xwfb/moe_2082/2023/2023_zl25/202312/t20231201_1092795.html.

提供反馈。

然而，多模态评价的复杂性也带来了操作上的挑战。教师需在单向度的简便性和多模态的全面性之间找到平衡点。具体来说，可以在基础课程中采用单向度评价方法，而在需要综合能力发展的课程中，采用多模态评价方法。例如，某中学在物理课程中使用传统考试评估学生的知识掌握情况，同时在科学实验课上使用项目评估和小组讨论等多模态评价方式，以全面了解学生的实际操作能力和合作精神。

3. "高赋能"与"高负担"之间的矛盾

数字化教学评价技术为教师和学生提供了更多的可能性和便利性。例如，通过在线平台和应用程序，教师可以方便地布置作业、监控学习进度、分析学习数据，并根据学生的表现进行个性化指导。学生也可以通过这些平台获取即时反馈，调整学习策略，提高学习效果。新技术的学习和使用也可能增加教师和学生的负担。对于教师而言，学习和掌握新技术需要投入大量的时间和精力，可能影响到日常教学工作的开展。对于学生而言，适应新的评价系统和工具也需要时间，可能会增加学习压力和焦虑感。

在这一矛盾中，需要探索如何在保持高赋能的同时，降低技术使用的复杂性，以减轻用户负担。例如，可以提供充分的培训和支持，帮助教师和学生快速掌握新技术的使用方法；设计用户友好的界面和功能，简化操作流程；在引入新技术时采取分阶段实施的策略，逐步推进，避免过多的技术负担集中在一个时间段内。

4. "技术性"与"伦理性"之间的矛盾

数字化教学评价技术可以提高评价的客观性和准确性。例如，通过数据分析和算法模型，可以减少人为偏见和主观因素的影响，提供更加公正和客观的评价结果。同时，数据的收集和处理可能涉及隐私问题，需要遵循伦理规范。在数字化教学评价中，学生的学习数据、行为数据和个人信息都会被收集和分析。如果这些数据被不当使用或泄露，可能会对学生的隐私权和安全产生负面影响。

在这一矛盾中，需要在技术利用和隐私保护之间找到恰当的平衡点，确保评价过程的合法性和道德性。具体措施包括建立严格的数据保护机制，确保学生数据的收集、存储、处理和使用符合相关法律法规和伦理规范；提高数据使用的透明度，向学生和家长明确告知数据的用途、保护措施和用户权利；强化伦理教育，增强教师和学生的隐私保护意识和责任感。

综上所述，数字化教学评价在带来诸多便利和创新的同时，也面临着一系列的矛盾。这些矛盾主要体现在新技术与旧标准、单向度与多模态、高赋能与高负担、技术性与伦理性之间。实现数字化教学评价的最佳效果，需教育工作者和技术开发者共同努力，在实际应用中不断探索和调整，找到平衡点和解决方案。通过合理运用新技术、优化评价标准、减轻技术负担、保障数据安全，数字化教学评价必将为教育质量的提升和学生全面发展作出更大的贡献。

二、数字化教学评价在体育教学中的重要性

数字化教学评价在体育教学中扮演着越来越重要的角色。它不仅改变了传统的评价方式，提高了教学的科学性和有效性，还为体育教学的改进和创新提供了强有力的支持。以下将从三个方面阐述数字化教学评价在体育教学中的重要性。

（一）提升教学质量的必要性

有效提高教学效果。传统的体育教学评价方式往往仅关注学生的最终成绩，忽视了学生在学习过程中的表现和进步。数字化教学评价通过全面收集和分析学生的学习数据，能够对学生的学习过程

进行细致的跟踪和评估。通过实时监控和数据分析，教师可以及时发现学生在学习过程中遇到的问题，并提供有针对性的指导和支持，从而提高教学效果。

优化教学方法。数字化教学评价能够为教师提供详细的教学数据，帮助他们了解教学中存在的问题和不足。通过对教学数据的分析，教师可以发现哪些教学方法和策略效果较好，哪些需要改进，从而不断优化教学方法。数字化评价还可以促进教师之间的交流和学习，分享优秀的教学经验和方法，共同提升教学质量。

（二）促进学生全面发展的重要性

多维度评价。数字化教学评价不仅关注学生的体能和运动技能，还包括对学生心理健康、社交能力等方面的评价。通过多维度的评价，能够全面反映学生的综合素质和发展状况，帮助学生发现自己的优势和不足。这样的评价方式有助于学生全面发展，促进他们在体能、心理和社会能力等方面的均衡发展。

增强学生学习积极性。数字化教学评价通过即时反馈和个性化指导，能够激发学生的学习兴趣和动力。当学生能够及时了解自己的学习进展和表现，并获得教师的肯定和建议时，他们会更加积极主动地参与到学习和训练中。数字化评价还可以通过设置奖励机制和竞赛活动，进一步增强学生的学习积极性和竞争意识。

（三）支持个性化教学的作用

提供个性化学习建议。数字化教学评价通过对学生学习数据的分析，能够为每个学生提供个性化的学习建议和指导。教师可以根据评价结果，为学生制定个性化的训练计划，帮助他们根据自己的特点和需求进行学习和训练。个性化的教学支持能够更好地满足学生的个性化需求，提高学习效果。

促进差异化教学。在体育教学中，学生的体能和运动技能水平存在较大差异。数字化教学评价能够帮助教师全面了解每个学生的学习状况和能力水平，从而实施差异化教学。教师可以根据学生的具体情况，调整教学内容和训练强度，确保每个学生都能够在适合自己的节奏下学习和进步。差异化教学不仅能够提高教学效果，还能帮助学生树立自信心，激发他们的潜力。

支持学生自主学习。数字化教学评价系统提供了丰富的学习资源和工具，支持学生自主学习和练习。学生可以根据评价结果，自主选择适合自己的学习内容和训练项目，进行有针对性的练习。自主学习不仅能够提高学生的学习效果，还能培养他们的自我管理和自主学习能力，为终身学习奠定基础。

综上所述，数字化教学评价在提升教学质量、促进学生全面发展和支持个性化教学等方面具有重要作用。通过数字化评价，教师能够更好地了解学生的学习情况和需求，实施科学、有效的教学策略，帮助学生在体育学习中取得更好的成绩和全面的发展。未来，随着数字化技术的不断进步，数字化教学评价将在体育教学中发挥更加重要的作用，为实现教育现代化和提高教学质量提供有力支持。

三、数字化教学评价指标的设计原则

在设计数字化体育教学评价指标时，需遵循一系列原则，以确保评价的科学性、全面性和可持续性。以下将详细阐述这些设计原则及其重要意义。

（一）科学性与可测量性

科学性与可测量性是数字化教学评价指标设计的核心原则。科学性意味着评价指标必须基于严谨的理论和实证研究，确保其能够准确反映教学过程和结果的真实情况。可测量性则要求评价指标具有明确的量化标准，能够通过具体的数据和事实进行评估。

科学性与可测量性的意义在于，它们确保了评价的客观性和准确性。在体育教学中，科学的评价指标能够反映学生的体能、技能和综合素质的发展情况，提供客观的数据支持。例如，使用心率监测器可以准确测量学生在运动中的心率变化，从而评估其心肺功能和运动强度。此外，科学性和可测量性还可以帮助教师识别教学中的薄弱环节，制定有针对性的改进策略，提高教学效果。

（二）全面性与多维度

全面性与多维度是确保评价体系能够全面反映学生综合素质的关键。全面性意味着评价指标不仅要涵盖体育技能和体能，还应包括学生的心理素质、社会适应能力和健康行为等方面。多维度则要求评价指标能够从多个角度、多个层面进行综合评估，提供全面的评价信息。

全面性与多维度的意义在于，它们能够全面反映学生的学习和发展状况，避免单一评价的局限性。在数字化体育教学中，通过可穿戴设备和智能系统，教师可以采集和分析学生的多维度数据，如运动量、心率、睡眠质量和心理状态等。这些数据不仅有助于了解学生的健康状况，还可以为个性化教学提供依据。例如，通过对学生日常运动数据的分析，教师可以发现学生在某些运动项目中的不足，进而制定针对性的训练计划。

（三）动态性与可持续性

动态性与可持续性是确保评价体系能够适应学生发展变化和教育改革需求的重要原则。动态性要求评价指标能够及时反映学生的学习进展和变化，具有一定的灵活性和适应性。可持续性则强调评价指标在长期应用中的稳定性和可靠性，能够持续提供有价值的评价信息。

动态性与可持续性的价值在于，它们能够促进教学评价的持续改进和优化。在数字化体育教学中，动态评价系统可以实时记录和分析学生的运动数据，提供及时的反馈和调整建议。例如，智能评估系统可以根据学生的训练情况，动态调整训练强度和内容，确保每个学生都能在适合自己的节奏中进行学习和发展。可持续性则确保评价体系在长期应用中始终保持有效和可靠，能够不断支持教学改进和学生发展。

通过遵循科学性与可测量性、全面性与多维度、动态性与可持续性等设计原则，数字化体育教学评价能够提供更加科学、全面和持续的评价信息，为提升教学质量和促进学生全面发展提供有力支持。

第二节

数字化技术在体育教学评价的应用

一、大数据与3D视觉识别技术在体育教学评价中的应用

3D视觉识别技术和大数据技术结合使用，通过视频捕捉和数据分析，对学生的运动行为进行全面的评价和反馈。这些技术不仅可以获取学生的运动数据，还能够智能诊断动作姿态，帮助学生科学训练。具体来说，这些技术根据学生完成的技术动作，及时提供动作反馈，并提示学生如何调整动作，帮助学生纠正错误动作，完成正确动作，也能帮助老师及时发现学生的问题，有利于个性化教学。

（一）数据收集与处理

1. 数据收集

3D 视觉识别技术通过摄像头捕捉学生的运动画面，将其转化为三维数据模型。这些模型可以详细记录学生的运动轨迹和动作细节。

首先，数据收集的准确性依赖于高精度的 3D 视觉识别技术。通过安装在不同位置的摄像头，可以捕捉到学生在体育活动中的全方位运动画面。这些画面被转化为三维数据模型，能够精确记录学生的运动轨迹、动作姿态、速度、力量等详细信息。例如，在篮球训练中，可以通过 3D 视觉识别技术捕捉球员的投篮动作，分析投篮的力度、角度和轨迹，从而为球员提供精准的训练建议。

其次，数据的多样性是大数据技术在体育教学评价中的关键优势。大数据技术不仅可以收集传统的运动数据，如跑步速度、跳高高度等，还可以收集更多维度的数据，如学生的心理状态、疲劳程度等。

此外，数据的实时性也是大数据技术在体育教学评价中的一个重要特点。通过 3D 视觉识别技术和大数据分析，教练可以实时获取学生的运动数据，并及时提供反馈。这种实时性不仅有助于教练及时发现学生的问题，还能够让学生在训练过程中及时调整动作，提高训练效果。

在收集数据的过程中，还需要注意数据的隐私和安全问题。学生的运动数据可能包含敏感信息，因此在收集、存储和处理这些数据时，必须遵循相关的法律法规和伦理标准，确保学生的隐私得到保护。

2. 数据处理

在当今这个大数据时代，数据处理成为一个至关重要的环节。

数据处理不仅仅是对原始数据的简单整理，它涉及一系列复杂而精细的步骤，以确保数据的准确性、一致性和可用性。以下是对数据处理流程的详细阐述。

（1）数据预处理

数据预处理是数据处理的第一步，其主要目的是去除原始数据中的噪声和冗余信息。在实际操作中，原始数据往往包含了许多与核心分析无关或影响分析准确性的元素，这些都可以被视为"噪声"。例如，在收集用户行为数据时，可能会捕获到一些无效点击或错误操作，这些数据对于后续分析并无实际价值，甚至可能误导分析结果。因此，数据预处理的首要任务就是识别和去除这些噪声数据。

此外，预处理还包括对缺失数据的处理。在数据采集过程中，由于各种原因（如网络中断、设备故障等），可能会导致部分数据丢失或不完整。对于这些数据，需要根据实际情况进行填补或剔除，以保证数据集的完整性。

（2）数据标准化

数据标准化是数据处理的另一个关键环节。在实际应用中，数据可能来自多个不同的源，如不同的传感器、不同的数据库或不同的数据提供商。这些数据在格式、单位、精度等方面可能存在显著差异，直接进行分析会导致结果失真。因此，数据标准化变得尤为重要。

数据标准化的核心目的是将不同来源、不同格式的数据统一到一个通用的标准上。例如，对于温度数据，有的可能以摄氏度为单位，有的可能以华氏度为单位，这就需要通过标准化将它们统一到同一单位下。此外，对于文本数据，也需要进行标准化处理，如去除停用词、词干提取等，以提高数据的质量和可比性。

（3）数据存储

经过预处理和标准化的数据需要被妥善存储，以便后续的分析和调用。云端数据库因其高可靠性、高扩展性和易访问性而成为现代数据存储的首选方案。通过将数据存储在云端，不仅可以实现数据的长期保存，还能确保数据的安全性和可用性。

在云端数据库中，数据被组织成结构化的形式，方便进行高效的检索和查询。此外，云端存储还提供了数据备份和恢复功能，即使在面临硬件故障或自然灾害等极端情况下，也能保证数据的完整性和可用性。此外，在数据处理过程中，还需要考虑到数据的质量控制。质量控制包括数据的准确性、完整性和一致性等方面。为了确保数据的质量，可以采取以下措施。

数据验证。对数据进行验证，确保其符合预期的格式和范围。例如，对于运动数据，可以验证其是否符合人体的生理极限。

数据审核。对数据进行审核，确保其来源的可靠性和真实性。例如，对于手工记录的数据，可以由专业人员进行审核和校对。

数据监控。对数据进行实时监控，及时发现和解决数据问题。例如，可通过数据可视化工具实时展示数据的分布和变化，以便及时发现异常。

通过上述的数据处理环节，可以确保收集到的数据准确、规范，并为后续的智能分析和评价提供坚实的基础。同时，还需要不断地优化和改进数据处理流程，以提高数据的处理效率和效果。例如，可以引入自动化处理工具，减少人工操作的错误和成本；可采用深度学习等技术，提高数据的标注和分类准确性；可建立数据共享平台，促进数据的流通和利用。

综上所述，数据处理是一个系统性、多步骤的过程，它确保了数据的准确性、一致性和可用性，为后续的智能分析和评价奠定了坚实的基础。通过数据预处理、标准化和存储，可从海量的数据中提取出有价值的信息，进而支持决策制定、市场分析和科学研究等多种应用。

（二）智能分析与综合性评价

在现代教育技术不断革新的背景下，智能分析与评价已逐渐演变为提升学生运动技能与全面素质的重要科研与教学工具。通过深度融合大数据分析与 3D 视觉识别技术，我们能够对学生运动数据进行更为深入、精细的解读，进而为运动训练与教学提供科学化的数据支撑和理论依据。

1. 智能运动分析

智能运动分析是借助高端技术手段，对学生运动过程中产生的数据进行系统挖掘与深度阐释的过程。该过程旨在精准掌握学生的运动状态与技能水平，从而为运动训练和教学提供科学、有效的数据支持。

（1）动作解构与分析

动作解构是智能运动分析的逻辑起点。在多数运动项目中，复杂的运动技能均可被拆解为若干关键动作单元。例如，在田径的短跑项目中，起跑、加速跑、途中跑及冲刺等阶段均可被视为独立的动作单元。借助高精度的 3D 视觉识别系统，我们能够精确地捕获并分析学生在各动作单元中的微观表现，进而评估其技术掌握情况与运动效能。

（2）技能量化评估

为实现对学生运动技能的客观量化评估，我们依据运动训练学原理及专家经验，构建了一套科学、系统的评分标准。该标准综合考量动作的规范性、技术经济性、运动协调性及能量利用效率等多个维度。通过此标准，我们可对每个动作单元进行精细化的评分，从而帮助学生准确识别技能短板，明确技能提升的具体方向。

（3）数据纵向比对

数据的纵向比对是智能运动分析中不可或缺的关键环节。通过将学生当前的运动数据与历史记录进行比对，我们可清晰地揭示学生在技能习得过程中的动态变化，评估其技能进步的幅度与速度。这种纵向的数据分析不仅可激发学生的学习动机，还可为教练团队提供个性化的教学调整建议。

2. 动作姿态的智能化诊断

除智能运动分析外，动作姿态的智能化诊断也是提升学生运动技能的重要手段。通过引入先进的智能运动捕捉系统，如智能运动镜等高端设备，可实时捕获并精准分析学生的动作姿态。这些设备利用高清影像技术与深度学习算法，能够自动识别和评估学生的动作质量。一旦检测到学生的动作存在偏差或低效，系统将即时提供针对性的纠正建议。这种实时的反馈机制对于规范学生的动作模式、预防潜在的运动损伤及提升运动效率具有显著意义。

3. 综合性评价机制的组成

为全面、客观地评价学生的运动表现与综合素质，我们致力于构建一套科学、系统的综合性评价机制。该机制不仅关注学生的运动技能水平，还综合考虑了学生的体能状况、心理素质及团队协作能力等多个方面。

（1）确立多维度评价指标

依据运动项目的特点及教学目标，我们确立了一系列多维度的评价指标。这些指标不仅包括客观的运动技术指标（如动作准确性、运动强度与效率等），还涵盖主观的心理与团队协作指标（如自信心水平、团队协作能力等）。通过这些多维度指标的综合运用，我们能够更全面地评估学生的综合素质与发展潜能。

（2）综合性评价报告的生成

在收集并分析各项评价指标数据后，我们利用大数据分析技术进行综合处理，并生成具有针对性的综合性评价报告。该报告详细展示了学生在各个评价维度上的具体表现，同时提供个性化的改进建议与发展规划。通过此报告，教学团队可更清晰地了解学生的实际状况与发展需求，从而制定更为精准的教学与训练计划。

综上所述，智能分析与综合性评价在现代运动教学与训练中发挥着日益重要的作用。通过运用先进的技术手段与科学的评价机制，我们能够更深入地了解学生的运动技能与综合素质，进而为其提供更具针对性的教学与训练支持。

（三）反馈调节机制与持续改进措施

在运动训练与教学中，构建一个有效的反馈机制并采取相应的改进措施，对于提升学生的运动技能与教学效果至关重要。通过实时监控、数据分析以及个性化的训练调整，能确保学生在每个训练阶段都能获得最大的收益。

1. 反馈调节机制

反馈调节机制是现代运动训练与教学中的核心环节，它有助于实时跟踪学生的运动表现，并提供即时的反馈，从而使学生能够及时调整自己的动作与技术。

（1）实时监测与数据捕获

在运动过程中，系统会实时捕捉学生的运动数据，并进行初步的分析处理。这些数据包括但不限于动作速度、角度、力度以及运动的轨迹等。通过高精度的传感器与算法，确保所捕获的数据具有极高的及时性和准确性，为后续的反馈与改进提供坚实的数据基础。

（2）即时反馈与提示

基于实时监测到的数据，系统会生成即时的反馈报告，明确指出学生在运动过程中存在的问题，并提供相应的改进建议。例如，在学生完成跳高动作后，系统会迅速分析其起跳高度、腾空时间以及动作流畅性，然后给出具体的调整建议，如"增加腿部力量输出"或"优化起跳角度"等。

（3）教师实时介入与调整

教师在接收到系统的反馈后，可迅速介入，根据学生的实际情况调整教学策略。这种个性化的指导和帮助能够确保每位学生都能在最适合自己的训练轨迹上不断进步。通过实时监控与反馈机制，教学的有效性和针对性将得到显著的提升。

2. 持续改进措施

为了确保学生能够在训练中持续进步，基于反馈数据制定一系列的改进措施。

（1）制订个性化指导方案

根据学生的实际运动数据和需求，系统会生成个性化的训练指导方案。这些方案不仅针对学生的当前技能水平，还充分考虑到其身体条件、训练目标以及个人兴趣等多方面因素。例如，在篮球项目中，对于投篮命中率较低的学生，系统会深入分析其投篮动作与技巧，然后建议增加特定类型的投篮练习，并提供详细的练习步骤与方法。

（2）持续监控与训练调整

在训练过程中，系统会持续监控学生的运动表现，并根据反馈数据实时调整训练计划。这种动态的训练调整能够确保学生在每个训练阶段都能获得最大的收益。同时，教师也会根据学生的进步情况，定期与系统进行协同调整，以确保训练的科学性和有效性。

（3）阶段性评估与策略优化

为检验训练效果并为后续训练提供参考，系统会定期进行阶段性的评估。这些评估不仅包括对学生运动技能的测试，还涉及对其体能、心理素质等多方面的综合考量。基于评估结果，进一步优化训练计划和教学策略，以确保学生能够在全面发展的道路上不断前行。

综上所述，通过构建一个科学、高效的反馈调节机制与持续改进措施体系，能确保学生在运动训练与教学中获得及时、科学的指导和支持。这不仅有助于提升学生的运动技能与综合素质，还能为其未来的运动生涯奠定坚实的基础。

二、智能穿戴设备与大数据在体育教学评价中的应用

智能穿戴设备（如智能手环、智能手表）通过实时监测和数据采集，为体育教学提供精准的反馈和个性化的教学建议。这些设备能够监测学生的运动心率，实施预警，使运动强度可视化，有助于教师诊断，更好地因材施教。结合大数据技术，智能穿戴设备能对学生的运动和健康数据进行全面分析和评估，从而提高体育教学的科学性和有效性。

（一）实时监测与数据采集

智能穿戴设备通过实时监测学生的生理指标和运动数据，实现全面的数据采集。这一过程涉及设备佩戴、数据传输和数据存储三个主要环节。

首先，设备佩戴是关键。智能穿戴设备需要正确佩戴在学生的身体上，确保设备能够正常工作，以实时采集心率、步数、运动强度等数据。这些数据通过无线传输实时传输至数据中心并同步，以确保数据的实时性和准确性。智能穿戴设备的精准性和稳定性直接影响到数据采集的质量，因此，设备的选择和维护是至关重要的。

其次，数据传输是另一个关键步骤。智能穿戴设备通过蓝牙或Wi-Fi等无线技术，将采集到的数据实时传输至云端服务器。这种

实时传输方式，确保了数据的及时性和准确性，使得教师和学生能够随时获取最新的运动和健康数据。这种数据传输方式，不仅提高了数据的准确性和及时性，也为后续的分析和评估提供了坚实的基础。

最后，数据存储是确保数据安全和可用性的关键。通过智能穿戴设备，全面采集学生的运动数据，并将其传输至云端服务器进行存储和备份。云端存储技术的应用，不仅确保了数据的安全性和长期保存，还提供了高效的数据检索和管理功能，使得教师和学生能够方便地访问和使用这些数据。

这种实时监测和数据采集方式，不仅提高了数据的准确性和及时性，也为后续的分析和评估提供了坚实的基础。

（二）运动表现与健康指标分析

智能穿戴设备收集的数据可用于全面分析学生的运动表现和健康状况。这一过程包括数据分析、健康评估和反馈建议三个主要环节。

首先，数据分析是基础。通过分析步数、速度、运动强度等数据，系统能够生成详细的运动表现报告，帮助识别运动中的问题和不足。例如，通过分析学生在跑步训练中的步频和步幅数据，可发现其步幅过大或步频过低的问题，从而提供针对性的改进建议。这种数据分析不仅能够帮助学生提高运动表现，还能为教师提供科学的教学评估依据。

其次，健康评估是另一个重要环节。智能穿戴设备收集的生理数据（如心率、血氧水平等）可用于监测学生的健康状况。通过对这些指标的监测和评估，系统能够生成详细的健康状况报告，提供改进建议。例如，当学生的心率过高时，系统可以提示其降低运动强度，避免运动过度造成的健康风险。健康评估不仅能够帮助学生了解自身的健康状况，还能够促使他们及时采取措施进行调整和改善，促进身心健康发展。

最后，反馈建议是确保教学效果的关键。基于智能穿戴设备收集的数据，系统可提供个性化的教学反馈和建议。通过分析学生的个体数据，系统能生成个性化的反馈报告，指出学生在运动中的优点和不足。根据这些反馈，教师可调整教学内容和方法，制定个性化的教学计划，提供有针对性的指导和建议。例如，系统可根据学生的运动数据，建议调整训练强度、频率和内容，以帮助学生更好地达到训练目标。个性化反馈确保了每个学生都能得到针对性的指导和帮助，从而提高教学效果和学习体验。

（三）个性化教学反馈与建议

基于智能穿戴设备收集的数据，系统可以提供个性化的教学反馈和建议。首先，数据分析是基础，通过分析学生的个体数据，系统能够生成个性化的反馈报告，指出学生在运动中的优点和不足。根据这些反馈，教师可以调整教学内容和方法，制定个性化的教学计划，提供有针对性的指导和建议。例如，系统可以根据学生的运动数据，建议调整训练强度、频率和内容，以帮助学生更好地达到训练目标。此外，系统还可以实时跟踪学生的进步情况，提供持续的反馈和建议，确保教学计划的有效实施和不断改进。

个性化指导。系统能够根据学生的体能状况、技术水平和学习进度，自动生成个性化的训练方案。通过分析学生的运动数据，系统可以确定其在某些方面的优势和不足，并提供针对性的改进建议。例如，对于在跑步训练中步频较低的学生，系统可以建议其增加步频训练，提供具体的练习计划和方法。这种个性化指导不仅能够帮助学生提高运动技能，还能够增强其训练的科学性和有效性。

持续监控。在个性化训练方案实施过程中，系统继续对学生的训练情况进行监控，并根据监控数据实时调整训练计划。持续监控可以及时发现和解决训练中的问题，确保学生不断进步。例如，在篮球训练中，系统可以持续监控学生的投篮命中率和动作规范性，发现异常情况时立即提示，并调整训练内容和强度，确保训练的安全性和有效性。

阶段性评估。为了检验训练效果并为后续训练提供参考，阶段性评估是必不可少的。系统通过定期评估学生的进步情况，生成详细的评估报告，包括各项运动指标的变化情况和技能提升的具体表现。阶段性评估不仅可以帮助教师了解学生的训练效果，还可以为后续训练的调整和优化提供依据。例如，教师可以根据评估报告，发现学生在某一阶段的技能提升缓慢，针对性地增加相关训练内容，帮助学生突破瓶颈。

（四）智能穿戴设备与大数据的协同应用

智能穿戴设备与大数据技术的结合，使得体育教学评价变得更加科学、全面和个性化。通过实时监测、数据分析和个性化反馈，教师能够更加准确地了解学生的运动表现和健康状况，及时发现和解决问题，优化教学内容和方法，从而提高教学质量和效果。这种协同应用不仅提升了体育教学的效率和科学性，也促进了学生的全面发展和健康成长。智能穿戴设备和大数据技术的应用，为现代体育教学评价提供了新的工具和方法。

数据集成。通过智能穿戴设备收集的数据，可与其他教学数据进行集成和分析，形成全面的学生运动档案。例如，结合学生在课堂上的表现、作业成绩和心理健康数据，系统可全面评估学生的综合素质，并为其提供个性化的成长建议。这种数据集成不仅提高了教学评价的科学性，还能为学生的全面发展提供有力支持。

预测分析。大数据技术的应用，使得预测分析成为可能。通过对大量学生运动数据的分析，系统可预测学生在未来训练中的表现和进步情况。例如，系统可以根据学生的历史数据，预测其在未来比赛中的成绩，并提供相应的训练建议。预测分析不仅能够帮助教师制定更科学的教学计划，还能够激发学生的学习动力，提高其训练的主动性和积极性。

教学优化。通过对数据的持续分析和反馈，教师可以不断优化教学内容和方法，提高教学质量和效果。例如，系统可通过分析学生的运动数据，发现某些教学内容或方法的效果不佳，并提供改进建议。教师可根据这些建议，调整教学内容和方法，确保每个学生都能得到最适合自己的指导和帮助。这种教学优化不仅提高了教学的科学性和有效性，还能为学生的全面发展提供有力支持。

综上所述，智能穿戴设备与大数据技术的协同应用，不仅为体育教学评价提供了新的工具和方法，还能显著提高教学质量和效果。通过实时监测、数据分析和个性化反馈，教师能更加准确地了解学生的运动表现和健康状况，及时发现和解决问题，优化教学内容和方法。这种协同应用不仅提升了体育教学的效率和科学性，也促进了学生的全面发展和健康成长。智能穿戴设备和大数据技术的应用，为现代体育教学评价提供了新的工具和方法，为学生的全面发展提供了坚实的保障。

三、数字技术融合的挑战与解决策略

在数字化时代背景下，体育教学评价正逐步融入各种先进的数字技术，以期提升评价的准确性和效率。然而，在实际操作过程中，数字技术融合面临诸多挑战，这些挑战涉及技术、隐私、安全以及教师培训等多个方面。为应对这些挑战，本文提出了一系列具体的解决策略。

（一）技术整合的复杂性

1. 面对的挑战

在体育教学评价中融入数字技术，首要面临的挑战便是技术整合的复杂性。由于体育教学评价的多样性，需要整合的技术种类繁多，如3D视觉识别技术用于动作捕捉与分析，智能穿戴设备用于实时监测学生生理指标，大数据分析系统则用于处理和分析海量数据。这些技术之间的整合不仅需要复杂的技术支持，还要求高度的系统协调性。

具体来说，技术整合的难点包括设备之间的兼容性、数据格式的统一性以及系统的稳定性。不同设备可采用不同的数据格式和通信协议，导致数据互通困难；同时，系统稳定性不足可能导致数据丢失或分析结果失真，严重影响教学评价的准确性。

2. 解决策略

为了解决技术整合的复杂性带来的问题，可以从以下几个方面入手。

构建专业技术团队。组建一支具备多学科背景的技术团队，确保团队成员具有丰富的数字技术应用经验和专业知识。团队应包括软件工程师、数据科学家、教育技术专家等，能够综合处理各类技术问题。团队的多元化背景有助于全面理解和解决复杂的技术问题，提高整体技术整合的效率和效果。

制定统一的技术标准和规范。制定一套统一的技术标准和操作规范，确保各类设备和系统能够对接。技术标准应涵盖数据格式、通信协议、接口设计等方面，确保系统之间的兼容性和稳定性。例如，明确规定数据传输格式和加密方式，制定接口通信协议标准，以减少不同系统之间的兼容性问题，提高整体系统的稳定性和可靠性。

加强与技术供应商的合作。与技术供应商和合作伙伴建立紧密的合作关系，共同开发和优化技术解决方案。定期组织技术交流和培训活动，确保各方对技术标准和操作规范的理解和执行一致。通过与技术供应商的合作，可以及时获得技术支持和更新，优化技术应用效果。

分阶段实施技术整合。采用逐步整合的策略，分阶段实施数字技术融合，逐步解决技术难题。首先在小范围内进行试点，验证技术整合的可行性和效果，再逐步推广到更大范围。这种渐进式的实施方法，有助于在早期发现和解决潜在的问题，降低技术整合的风险。

（二）数据隐私与安全问题

1. 面对的挑战

在数字技术融合过程中，数据隐私与安全问题尤为突出。体育教学评价涉及大量学生的生理数据、运动数据等个人敏感信息。这些信息一旦泄露或被滥用，将对学生的隐私造成严重侵犯。同时，在数据传输和存储过程中，还面临着网络攻击和数据篡改的风险。

2. 解决策略

针对数据隐私与安全问题，可以从以下几个方面加以解决。

完善数据保护机制。制定全面的数据保护策略，确保数据采集、传输、存储和使用的每一个环节都符合相关法律法规的要求。建立数据保护责任制度，明确各级管理人员和操作人员的职责和义务。

应用先进的数据加密技术。在数据传输和存储过程中，采用先进的数据加密技术，如端到端加密、传输层安全协议等，确保数据在传输过程中的安全性。同时，对存储的数据进行加密处理，防止数据被非法访问和篡改。

实施严格的访问控制和权限管理。建立严格的访问控制机制，对敏感数据实施访问限制。通过多因素认证等技术手段，提高数据访问的安全性。同时，定期审查和更新权限设置，确保只有经过授权的人员才能访问相关数据。

增强数据保护意识。通过定期开展数据隐私和安全培训活动，提高教师和管理人员的数据保护意识，使他们了解数据保护的重要性，并学会如何在日常工作中遵守相关规定和操作规范。

综上所述，面对数字技术融合在体育教学评价中的挑战，我们需要从多个方面入手，采取综合性的解决策略。通过构建专业技术团队、制定统一的技术标准和规范、加强与技术供应商的合作以及分阶段实施技术整合等措施，有助于解决技术整合的复杂性带来的问题。同时，通过完善数据保护机制、应用数据加密技术、实施严格的访问控制和权限管理以及增强数据保护意识等措施，有助于确保学生数据的安全性和隐私性。这些策略的实施将为数字技术融合在体育教学评价中的顺利应用提供有力保障。

（三）教师技能与培训需求

这一内容将在下一章详细阐述，这里不再赘述。

第三节
数字化体育教学评价的案例研究

一、案例研究：上海交通大学"运动画像"系统

（一）"运动画像"系统的开发背景与目标定位

随着信息技术的迅猛发展，数字化教育已成为教育改革的重要

方向。上海交通大学体育系积极响应国家关于体育教育数字化转型的号召，以"健康第一"为教育理念，致力于构建与新时代教育需求相契合的"智慧体育"教育平台。在此背景下，"运动画像"系统应运而生，旨在通过整合5G终端、智能App、大数据和物联网等先进技术，为学生提供个性化、科学化的体育教学和锻炼指导，进而提升学生的体育素养和身体健康水平。

"运动画像"系统的目标在于实现体育教学的智能化、个性化和数据化，推动体育教学模式的创新与评价体系的改革。系统通过收集并分析学生的运动数据，为教师提供精准的教学参考，为学生提供科学的锻炼建议，从而促进体育教学质量的提升和学生体质的增强。

（二）"运动画像"的核心功能与技术支撑

"运动画像"系统融合了多项前沿技术，实现了以下核心功能。

智慧化考试管理与成绩评估。借助PDA智能终端设备，通过刷卡或扫码方式快速识别学生身份，实现考试成绩的即时录入、在线查询及深度数据分析。该功能显著提升了考试管理的效率与准确性，同时大幅减轻了教师的工作负担。

个性化运动锻炼指导。基于学生的体质测试数据及日常运动习惯，系统能够智能生成个性化的锻炼计划。在锻炼过程中，系统通过实时语音提示，帮助学生调整运动节奏与强度，以达到最佳的锻炼效果。

运动数据的全面分析与可视化展示。利用大数据分析技术，系统可深入挖掘学生的运动数据，并生成图文并茂的运动报告。这些报告不仅为学生提供了直观的运动表现和体质状况反馈，还为教师提供了精准的教学参考与评价依据。

从技术实现角度来看，"运动画像"系统充分利用了上海交通大学在多学科交叉领域的优势资源，整合了 5G 高速通信、大数据分析处理、物联网智能感知等尖端技术。这些技术的融合应用，使得系统能够实时、准确地捕捉和处理海量运动数据，为师生提供更为高效、便捷的服务体验。

（三）"运动画像"对体育教学评价的深远影响

"运动画像"系统的引入，对体育教学评价体系产生了深刻而积极的影响。

1. 评价维度的多元化与全面性

传统的体育教学评价往往以单一的考试成绩作为衡量标准，而"运动画像"系统通过大数据分析，为每位学生构建了独特的运动画像。这一创新举措打破了传统评价模式的局限性，将评价维度扩展至课堂表现、课外锻炼、体质测试等多个方面。这种多元化的评价方式能够更全面地反映学生的综合体育素养，使得评价结果更为客观、准确。

2. 评价过程的实时性与动态性

借助"运动画像"系统，教师和学校能够实时获取学生的运动数据和体质状况，从而及时对学生的体育表现进行评价和反馈。这种实时评价模式有助于教师及时发现问题并进行针对性指导，同时也让学生能够更加清晰地了解自己的运动表现和进步情况。此外，系统还能够根据学生的运动数据动态调整评价标准和内容，以适应学生不断发展的体育需求。

3. 个性化评价的实现

每个学生都是独一无二的个体，他们在体育方面的兴趣、特长和进步速度各不相同。因此，"运动画像"系统通过收集并分析每个学生的运动数据，为他们提供个性化的评价方案。这种个性化评价方式能够更好地激发学生的学习兴趣和积极性，促使他们根据自己的特点和兴趣进行体育锻炼，进而实现更好的体育教学效果。

4. 以数据驱动的教学改进

"运动画像"系统所收集的大量运动数据不仅为学生提供了个性化的评价，同时也为教师的教学改进提供了有力的数据支持。教师可以通过分析这些数据，了解学生在体育方面的薄弱环节和进步情况，从而针对性地调整教学策略和方法。这种以数据驱动的教学改进模式有助于提高体育教学的科学性和有效性。

5. 促进学生自主锻炼意识的培养

通过"运动画像"系统，学生能够更加直观地了解自己的运动表现和体质状况。这种自我认知的提升有助于激发学生的自主锻炼意识，促使他们更加积极地参与到体育锻炼中来。同时，系统还能够根据学生的运动数据为他们推荐合适的锻炼计划和运动项目，进一步促进学生的身心健康发展。

综上所述，"运动画像"系统对体育教学评价产生了深远影响，它不仅推动了评价体系的改革和创新，还为体育教学注入了新的活力和动力。未来随着技术的不断进步和应用场景的拓展，"运动画像"系统有望在体育教育领域发挥更大的作用。

二、案例研究：北京大学人工智能辅助体育教学（artificial intelligence physical education，AIPE）

（一）AIPE项目的背景与目标

随着新冠疫情的全球性爆发，教育领域遭受了前所未有的冲击。传统的线下教学方式，尤其是体育教学，因其需要实地操作和师生互动，受到了严重的限制。在这样的背景下，线上教学迅速崛起，成为教育领域的新常态。然而，体育教学在这一转变过程中面临着诸多特殊挑战，其中最为突出的是在教学评价和个性化指导方面的难题。

为了解决这些挑战，北京大学王亦洲课题组前瞻性地启动了 AIPE 项目，即人工智能辅助体育教学。该项目不仅是对新时代教育方式的积极探索，更是对传统体育教学模式的一次深刻变革。

AIPE 项目的核心目标是将先进的人工智能技术引入体育教学领域，通过构建智能化的教学评价系统，全面提高体育教学的效率和质量。具体来说，该项目致力于实现以下几个关键目标。

开发高效线上评价系统。项目团队致力于通过先进的人工智能视觉技术，对学生运动技术进行量化解析和标准化评估。这一系统的建立，旨在提供一个客观、公正且科学的人工智能体育教学线上评价平台，从而彻底改变传统体育教学中主观性和不一致性的问题。

增强教学的灵活性与互动性。AIPE 项目通过新媒体交互平台，力求打破时空的限制，让学生能够随时随地进行体育学习和评价。这种灵活性不仅适应了现代学生的学习习惯，还极大地提升了教学的互动性和学生的参与度。

实现个性化教学指导。传统体育教学往往难以兼顾每个学生的个性化需求。而 AIPE 项目通过精确的人工智能分析，能够为每个学生提供量身定制的运动指导和建议，从而更有效地提升学生的运动技能和健康水平。

探索体育教学新范式。在信息化和智能化快速发展的时代背景下，AIPE 项目致力于推动体育教学的创新。通过整合人工智能技术和新媒体平台，项目团队积极探索和实践体育教学的新方法和新范式，以期引领体育教育领域的未来发展。

（二）人工智能技术在教学评价中的具体应用

AIPE 项目的成功实施，离不开人工智能技术在教学评价环节中的深入应用。项目团队结合计算机视觉和人工智能技术，开发了一套高效且精准的教学评价系统。以下是人工智能技术在 AIPE 项目中的几个关键应用点。

1. 数据收集与高精度处理

学生在进行体育训练时，会拍摄自己的运动视频并上传至 AIPE 平台。这一过程中，系统运用了先进的单视角人体姿态估计算法，能够将视频中的人体动作准确地转化为三维空间中的人体骨架数据。为了确保数据的准确性和一致性，"未名一号"高性能计算平台发挥了至关重要的作用。这一平台不仅提供了强大的算力支持，还能对收集到的数据进行精细化处理，包括数据清洗、标准化以及安全存储等步骤。

2. 智能分析与精准评价

学生通过 AIPE 新媒体数据交互平台上传自己的运动视频后，系统会利用预设的体育评价指标，如功能性动作筛查、瑜伽动作标准、篮球运球上篮技术等，对视频内容进行深入解析和智能评价。这一过程中，人工智能算法能够精确地诊断学生的动作姿态，并提供详尽的反馈和纠正建议，从而帮助学生更加科学地进行训练（见图 6-1）。

3. 实时反馈与持续改进

AIPE 系统的另一大亮点是其高效的反馈机制。系统能够在短时间内自动生成详细的评价报告，并通过邮箱或短信方式及时通知学生登录平台查看结果。这份报告中不仅包含了初审、复审的通知，还有针对每个学生具体动作的专业纠正建议。这种实时反馈机制，使得学生能够随时获得专业且客观的指导，从而加速技能的提升（见图 6-2）。

图6-1 王亦洲课题组：人工智能辅助体育教学（AIPE）

资料来源：伍汝杰. 王亦洲课题组：人工智能辅助体育教学（AIPE）[EB/OL].（2020-12-30）[2023-03-26]. https：//cfcs. pku. edu. cn/news/239814. htm.

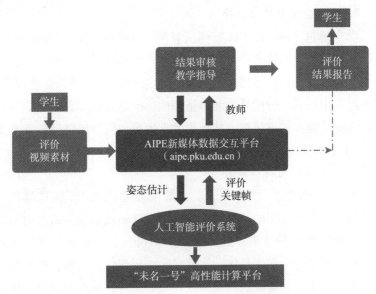

图6-2 王亦洲课题组：人工智能辅助体育教学（AIPE）

资料来源：伍汝杰. 王亦洲课题组：人工智能辅助体育教学（AIPE）[EB/OL].（2020-12-30）[2023-03-26]. https：//cfcs. pku. edu. cn/news/239814. htm.

同时，教师也通过 AIPE 平台对评价结果进行审核。系统为教师提供了丰富的数据和分析结果，帮助他们更加精准地调整教学策略和方法。在这种模式下，教师可以根据每个学生的特点和需求，制定出更加个性化的训练计划。

（三）项目实施效果与广泛反馈

自 2020 年 5 月正式上线以来，AIPE 系统在北京大学的体育教学中展现出了显著的效果，并赢得了师生们的广泛赞誉。以下是项目实施过程中的主要成效和社会反馈。

1. 教学质量显著提升

通过引入智能分析和量化评价机制，AIPE 系统成功解决了传统体育教学中存在的主观性和不一致性问题。该系统所提供的客观、公正的教学评价以及个性化的反馈建议，使得每个学生都能根据自身的特点和需求进行科学训练。这种个性化的教学模式不仅显著提升了教学质量，还帮助学生更快地掌握了运动技能。

2. 教学灵活性与互动性大大增强

AIPE 系统打破了传统体育教学的时空限制，让学生可以随时随地进行学习和评价。这种灵活性不仅适应了现代快节奏的生活方式，还极大地激发了学生的学习兴趣和积极性。同时，通过新媒体交互平台，学生和教师之间的互动变得更加频繁和及时，这不仅提升了教学效果，还丰富了学生的学习体验。

3. 引领体育教学改革新潮流

作为一次创新性的尝试，AIPE 项目不仅在北京大学内部取得了显著的成效，还为全国范围内的体育教学改革提供了宝贵的经验和参考。该项目通过人工智能技术与体育教学的深度融合，成功推动了教学模式的创新和改革。未来，随着技术的不断进步和应用场景的拓展，AIPE 项目有望引领体育教育领域迈向更加智能化、信息化的新时代。

综上所述，北京大学 AIPE 项目通过人工智能技术与体育教学的深度融合，有效提升了体育教学质量和学生的运动技能，推动了教学模式的创新和改革。未来，项目团队将继续优化系统功能，探索更多智能化、信息化的体育教学方法，为体育教育的发展和学生的全面健康提供更多支持。

第七章

体育教师数字素养的内涵与提升策略

数字素养的概念与重要性

在数字化时代，数字素养已经成为人们不可或缺的关键能力之一。对于体育教师而言，提升数字素养不仅有助于更好地适应教育技术的发展，还能有效提高教学质量，满足学生的学习需求。

一、数字素养的定义与内涵

数字素养是指个体在数字化环境中，有效获取、处理、分析和利用信息的能力，以及在此基础上进行创新、交流和解决问题的能力。

（一）基本概念解读

数字素养是指个体在信息社会中，通过数字技术和工具有效获取、分析、处理、表达和交流信息的综合能力。它不仅涵盖了基本的计算机操作技能，还包括对数字信息的理解、批判性思维和创造性应用的能力。数字素养是一种能够适应数字化时代需求的重要素养，涉及多方面的知识和技能，是教师在现代教育中必须具备的核心能力。

（二）数字素养的核心要素

数字素养的核心要素主要包括以下几个方面。

信息识别与评估能力。信息素养是指能够识别信息需求，准确高效地获取、评估和利用信息的能力。在教学中，教师须具备搜索、筛选和评估数字资源的能力，能在海量的数字信息中筛选出有价值的信息，并对其真实性、可靠性和有效性进行评估。

信息技术应用能力。技术素养是指使用和操作数字工具和技术的能力。这包括计算机操作、使用教育软件、掌握多媒体技术、在线教学平台和数据分析工具的能力。教师需要熟练掌握这些技术，才能在教学中灵活运用，提升教学效果。

数字交流与协作能力。通过数字技术进行有效沟通和协作的能力。教师需要掌握在线协作工具，如电子邮件、社交媒体、视频会议软件等，以便与学生和同事进行高效的交流和合作。这样的技能不仅提高了教学的互动性，还能促进教师之间的专业交流与合作，共同提升教学质量。

数字安全与隐私保护意识。在使用数字技术时，遵守法律和道德规范的能力。教师需要了解和遵守知识产权法、隐私保护法等，了解数字环境中的安全风险，并采取措施保护个人隐私和数据安全，并教育学生在数字世界中如何负责任地使用技术。

数字创新与问题解决能力。能够运用数字技术进行创新活动，如设计数字作品、开发新应用等，同时能够利用数字技术解决实际问题。这要求教师具备创造性思维和创新能力，能够在教学中不断探索和尝试新的方法和工具，以提高教学效果和学生的学习兴趣。

（三）数字素养与传统素养的区别

数字素养与传统素养在内涵和应用上有明显的区别。

获取信息的方式。传统素养更多依赖于纸质书籍和面对面的交流，而数字素养则依赖于互联网和数字资源。数字素养要求个体能够熟练使用搜索引擎、在线数据库和电子图书馆等工具，快速获取和处理信息。这使得信息获取的速度和效率大大提高，教师可以更快速地获取最新的教育资源和研究成果。

信息的表达与交流。传统素养主要通过书写和口头表达进行信息交流，而数字素养则包括使用多媒体和数字工具进行信息表达与交流。教师需要掌握制作和使用多媒体课件、录制教学视频、进行在线直播等技能，这不仅使得教学内容更为生动和直观，还能通过多种渠道与学生进行互动和交流，提高教学效果。

信息的评估与分析。传统素养侧重于逻辑分析和批判性思维，数字素养则强调对大量数字信息的处理和分析。教师需要具备数据分析能力，能够利用大数据和数据分析工具，对教学效果和学生学习情况进行评估和改进。通过数据分析，教师可以更准确地了解学生的学习状态和需求，从而制定更有针对性的教学计划。

技术的使用与操作。传统素养主要涉及基本的教学技能和学科知识，而数字素养则包括对各种数字技术和工具的使用。教师需要不断学习和更新技术知识，适应快速发展的数字化教学环境。这要求教师具备较强的学习能力和适应能力，能够快速掌握新的技术和工具，并灵活应用于教学实践中。

综上所述，数字素养不仅是现代教育的必备能力，更是提升教学质量和学生学习效果的重要保障。在数字化时代，体育教师需要不断提升自己的数字素养，才能更好地应对教育变革的挑战，实现教学目标。

二、数字素养在教育领域的重要性

在数字化时代，数字素养在教育领域扮演着越来越重要的角色，它对于教育创新、教学质量提升以及学生学习与发展的促进作用日益凸显。

（一）数字素养对教育创新的影响

数字素养为教育创新提供了强大的推动力。通过掌握和应用各种数字技术，教师能够开发出更具互动性和趣味性的教学资源和教学方法，打破传统教学的限制，推动教学模式的变革。例如，虚拟现实和增强现实技术的应用，使体育教学可以在虚拟环境中进行模拟训练和技能练习，大大提升了教学的实际效果。其具体表现在以下几个方面。

教学资源的多样化。数字素养使教师能够利用互联网和各类数字工具，创建和共享多样化的教学资源，如互动课件、教学视频和在线测验等。这些资源不仅丰富了教学内容，还提高了学生的学习兴趣和参与度。比如，在体育教学中，教师可以通过录制运动示范视频，制作三维模拟动画，开发互动性强的多媒体课件等方式，增强课堂的吸引力和互动性。

教学方法的创新。数字素养促使教师不断探索和尝试新的教学方法，如翻转课堂、混合式学习等。这些方法通过线上线下相结合，提高了教学的灵活性和个性化，能够更好地满足不同学生的学习需求。例如，在体育课上，教师可以通过在线平台发布预习资料和教学视频，学生在课前通过观看视频进行自主学习，在课堂上进行实践练习和互动讨论，从而提高学习效果。

教学模式的转变。数字素养推动了教学模式从以教师为中心向以学生为中心的转变。通过使用数字技术，教师可以更好地了解学生的学习状况，提供个性化的指导和支持，促进学生自主学习和个性化发展。比如，通过学习管理系统，教师可以追踪学生的学习进度和表现，根据学生的不同需求调整教学内容和进度，实现因材施教。

（二）数字素养在提升教学质量中的作用

数字素养在提升教学质量方面具有重要作用。通过掌握和应用数字技术，教师可以更高效地进行教学设计、教学管理和教学评估，全面提升教学效果。

在教学设计方面，数字素养使教师能够利用大数据分析和教育软件，进行精准的教学设计。通过分析学生的学习数据，教师可以了解学生的学习需求和薄弱环节，制定更加科学合理的教学计划和教学策略。比如，通过数据分析，教师可以发现学生在某些运动技能上的不足，有针对性地设计补充练习和指导，提高教学的针对性和有效性。

在教学管理方面，数字素养使教师能够利用数字工具进行高效的教学管理，如在线作业布置与批改、课堂实时互动与反馈等。这些工具不仅提高了教师的工作效率，还增强了教学的互动性和实时性，有助于及时发现和解决教学中的问题。比如，教师可以通过在线平台布置和批改学生的运动日志，实时跟踪学生的锻炼情况，并给予及时的反馈和指导。

在教学评估方面，数字素养使教师能够利用数据分析工具，对教学效果和学生的学习情况进行科学的评估。通过对学生学习数据的全面分析，教师可以准确评估教学效果，发现教学中的问题，并根据评估结果及时调整教学策略，提升教学质量。比如，教师可以通过数据分析，了解学生在不同运动项目上的表现，制定个性化的教学计划，提高教学的针对性和有效性。

（三）数字素养对学生学习与发展的促进

数字素养不仅对教师的教学有着重要影响，对学生的学习与发展也有着积极的促进作用。通过掌握和应用数字技术，学生可以更便捷地获取学习资源，参与在线学习和交流，拓展知识面和提高学习兴趣。

学习资源的获取。数字素养使学生能够通过互联网和各类数字平台，方便快捷地获取丰富的学习资源，如电子书籍、教学视频和在线课程等。这些资源不仅拓展了学生的知识面，还提高了学生的自主学习能力。比如，学生可以通过在线平台观看体育教学视频，进行自学和练习，提升运动技能和知识水平。

学习方式的多样化。数字素养使学生能够利用各种数字工具，进行多样化的学习活动，如在线讨论、互动测验和虚拟实验等。这些活动不仅增强了学习的趣味性和互动性，还提高了学生的学习积极性和主动性。如学生可以通过在线平台进行互动测验和练习，了解自己的学习进展和不足，并通过虚拟实验进行实践练习，提高学习效果。

学习能力的提升。数字素养使学生能够掌握和应用各种数字技术，提高信息获取、处理和分析的能力。这些能力不仅有助于学生在学习中更好地理解和掌握知识，还为学生的未来发展奠定了坚实的基础。比如，学生可以通过数字平台进行信息检索和数据分析，提高信息处理和分析的能力，增强学习的深度和广度。

个性化学习的实现。数字素养使学生能够利用个性化学习平台，根据自己的学习需求和兴趣，制定个性化的学习计划，进行个性化的学习。这不仅提高了学习效率，还增强了学生的学习自主性和创新能力。比如，学生可以通过个性化学习平台，根据自己的兴趣和需求，制定个性化的学习计划，进行自主学习和实践，提升学习效果和创新能力。

综上所述，数字素养在教育领域的重要作用是显而易见的。体育教师通过提升数字素养，不仅能够更好地适应教育技术的发展，还能有效提高教学质量，促进学生的全面发展。在数字化时代，提升体育教师的数字素养，是实现教育创新和提升教学质量的关键。通过不断学习和掌握数字技术，体育教师可以更好地应对教育变革的挑战，满足学生的学习需求，实现教学目标。

第二节

体育教师数字素养的现状与挑战

在数字化时代背景下，体育教师的数字素养显得尤为重要。数字素养不仅关乎教师个人的职业发展，更直接影响到学生的学习效果和体育教学的质量。然而，当前体育教师的数字素养状况并不容乐观，既存在整体水平不高的问题，也呈现出不同背景下的差异。

一、体育教师的数字素养的当前状况

随着信息技术的飞速发展，数字化已经深刻影响到教育的各个领域。然而，就体育教师而言，其数字素养的整体水平并不尽如人意。许多体育教师在面对数字技术时，仍然感到陌生和不适应，缺乏将数字技术与体育教学有效结合的能力。这种情况不仅限制了体育教学的创新空间，也阻碍了教学质量的进一步提升。

（一）体育教师数字素养的整体水平

当前，体育教师的数字素养虽然有所提升，但整体水平仍然参

差不齐，存在较大的提升空间。尽管一些教师已经能够熟练应用各种数字化工具和技术，但仍有许多体育教师对高阶数字技术的应用显得力不从心。

具体来说，体育教师在使用基本的教学软件、在线教育平台以及数字化教学资源方面，虽然已经有了一定的基础，但在如何整合和创新应用这些技术方面，往往还显得经验不足。这主要表现在以下几个方面。

一是部分教师对数字素养的重要性认识不足。他们对数字化教育的意义和效果缺乏清晰的认识，这导致他们在日常教学中未能充分利用数字技术提升教学质量。由于缺乏足够的认识和重视，这些教师可能错过了许多利用数字技术增强学生学习体验和提高教学效果的机会。

二是体育教师普遍缺乏系统的数字技术培训。这导致他们在面对日新月异的新技术时，往往感到无所适从，不知道如何将这些技术融入自己的教学中。技术的迅速发展与教师培训之间的脱节，成为制约体育教师数字素养提升的一个重要因素。

三是体育教师对数字技术的理解多停留在表面层次。部分教师虽掌握了一些基本的技术操作，但缺乏深入的技术应用能力和创新意识。这种情况限制他们在教学中充分发挥数字技术潜力的能力，阻碍体育教学的创新与进步。

四是实际应用中效果不佳。由于上述种种原因，体育教师在实际应用数字技术时，未能充分发挥数字技术在教学中的优势，这既影响了学生的学习体验，也制约了教学质量的提升。

造成这种状况的原因是多方面的。首先，由于体育教学的特殊性，长期以来更注重实践操作和身体训练，导致对数字技术的需求并不如其他学科那样强烈。因此，体育教师在数字技术方面的学习和应用相对较少。其次，随着科技的不断发展，数字技术日新月异，而体育教师的数字素养培训却相对滞后，许多教师缺乏接受新技术培训的机会和渠道，导致他们在面对新技术时感到力不从心。最后，部分体育教师对数字技术存在抵触心理，认为这些技术并不能为体育教学带来实质性的帮助，因此缺乏学习和应用的积极性。

（二）不同背景下体育教师的数字素养差异

除了整体水平不高外，体育教师的数字素养还呈现出不同背景下的差异。这些差异主要体现在年龄、地域、教育背景以及学校支持等方面。

在年龄方面的差异，年轻体育教师通常更容易接受新技术，学习能力强，能够较快掌握并应用数字化工具。他们熟悉社交媒体、在线教育平台等新型教学方式，因此在数字素养上具有较高水平。而年长一些的体育教师，由于长期受到传统教学方式的熏陶，对新技术的接受度和应用能力相对较弱。这导致他们在数字技术的学习和应用上存在更多的困难。

在地域方面的差异，发达地区的体育教师通常能够获得更多的培训机会和资源支持，因此他们的数字素养水平相对较高。这些地区的学校通常拥有先进的数字化教学设施和资源，为教师提供了良好的学习和实践环境。但在农村地区由于资源和条件的限制，体育教师在数字技术方面的学习和实践机会相对较少，导致他们的数字素养水平较低。这种地域差异直接影响了不同地区体育教学的质量和效果。

在教育背景方面的差异，受过信息技术或教育技术培训的教师通常具有更高的数字素养水平。这些教师在学习和应用数字技术时更加得心应手，能够灵活地将技术与教学内容相结合，提升教学效果。而缺乏相关培训的教师则可能面临技术应用的困难，难以有效发挥数字技术在体育教学中的优势。

在学校支持方面的差异，重视数字化教育的学校通常会为教师提供更多的技术支持和培训机会。这些学校的教师能够在实践中不断提升自己的数字素养水平，更好地应用数字技术进行教学创新。而在一些对数字化教育不够重视的学校，教师可能缺乏相应的支持和培训资源，导致他们的数字素养提升困难。

在学科特性方面的差异，体育学科的实践性强，传统上更注重身体训练和技能培养，而忽视了数字技术的应用。这导致了体育教师在数字素养方面的重视程度不高，整体水平较低。

综上所述，当前体育教师的数字素养整体水平有待提升，且不同背景下教师的数字素养存在显著差异。这种差异不仅影响了数字化技术在体育教学中的应用效果，也制约了整体教学质量的提升。因此，我们需要针对不同背景的体育教师制定个性化的培训和发展策略，加强城乡之间、不同年龄和学历背景之间的体育教师交流与合作。同时，学校和教育部门也应加大对体育教师数字素养培训的投入和支持力度，共同推动数字技术在体育教学中的应用与发展。

二、体育教师在数字化教学中面临的挑战

体育教师在数字化教学中面临着诸多挑战，主要包括技术更新与教学资源整合、学生学习方式多样化的应对、数字教学能力不足和数字化教学评价体系的建立等方面。

（一）技术更新与教学资源整合的挑战

随着数字技术的不断发展，新的教学工具和资源层出不穷。

在技术更新方面，体育教师在使用这些技术时，面临着如何快速掌握和有效整合的挑战。由于数字技术更新速度快，教师需要不断学习和适应，才能跟上技术发展的步伐。这不仅需要投入大量的

时间和精力，还需要获得相应的技术支持和培训。

在教学资源整合方面，体育教师需要面对不同类型的数字资源，如视频、音频、互动课件和在线平台等。这些资源在实际教学中的应用，需要教师具备较高的技术整合能力，能够根据教学目标和学生需求，灵活选择和应用适合的资源。然而，当前许多体育教师在这方面的能力还较为薄弱，影响了数字化教学的效果。

（二）学生学习方式多样化的应对

在数字化时代，学生的学习方式和兴趣呈现多样化的趋势。教师需要面对不同学生的个性化需求，提供多样化的教学方法和资源。然而，许多体育教师在应对学生多样化学习方式时，缺乏足够的经验和技术支持，难以满足所有学生的学习需求。这就要求教师不仅要掌握基本的数字技术，还需要具备灵活运用各种数字工具和资源的能力。

多样化教学方法的应用。体育教师需根据学生的不同需求和特点，采用多样化的教学方法，包括线上线下结合、互动教学、个性化辅导等。这需要教师具备较高的教学设计和实施能力，能够灵活应用各种数字工具和资源。

个性化学习需求的支持。体育教师需要为不同学生提供个性化的学习支持，包括制定个性化学习计划、提供个性化反馈和指导等。这需要教师具备较高的教学评估和反馈能力，能够根据学生的学习数据进行科学评估和调整。

（三）数字教学能力不足

尽管部分体育教师已具备一定的数字素养，但在具体的数字教学能力上仍存在不足。特别是在设计和实施数字化教学活动、利用数据进行教学评估和改进等方面，许多教师感到力不从心。数字教学能力的欠缺不仅影响了教学效果，也限制了数字化技术在教学中的应用范围。

教学设计能力欠缺。部分体育教师在利用数字技术进行教学设计时，科学性和创新性不足。应提升体育教师对数字技术的理解和应用能力，结合学科特点和学生需求，设计出更具吸引力和实效性的教学方案。

教学实施能力的不足。部分体育教师在实际教学中难以灵活运用数字工具和资源，应加强技术培训和实践操作，提高自己在数字化环境中的教学实施能力。

教学评价能力的局限。部分体育教师在利用数据进行教学评价时，会感到困惑或无从下手，应学习并掌握数据分析工具和方法，以便更准确地评估教学效果和学生的学习情况。

（四）数字化教学评价体系的建立

在数字化教学中，建立科学、全面的教学评价体系是一个重要的课题。传统的评价方法难以适应数字化教学的需求，体育教师需掌握新的评价工具和方法。然而，许多教师在数字化教学评价体系的建立上缺乏经验和指导，难以有效评估学生的学习效果和教学质量。这需要系统的培训和支持，以帮助教师建立和应用科学的数字化教学评价体系。

评价工具的选择与使用。在数字化教学中，评价工具的选择和应用至关重要。体育教师应了解和掌握各种评价工具的特点和使用方法，包括大数据分析、人工智能评估等，以便能准确地收集和分析教学数据。这些工具和方法能帮助教师全面评估学生的学习效果，发现教学中的问题并提出改进建议。

多维评价体系的建立。体育教师需建立多维的教学评价体系，包括对学生理论课、运动技能、健康状况等多方面的综合评价。这需要教师具备较高的评价设计和实施能力，能灵活应用评价工具。

评估结果的应用。体育教师需要根据评价结果，及时调整教学策略和方法，提供个性化的教学指导和支持。这需要教师具备较高的数据分析和应用能力，能够将评价结果有效应用于教学实践。

综上所述，体育教师在数字化教学中面临着诸多挑战，需要不断提升自己的数字素养和教学能力，才能适应数字化教育的发展趋势，提高教学效果和学生学习效果。

三、提升体育教师数字素养的紧迫性

在数字化时代背景下，提升体育教师的数字素养显得尤为迫切。这不仅是因为数字化教育的趋势不可逆转，更因为数字素养对提高教学效果和学生参与度至关重要。通过深入分析，我们可以更全面地理解提升体育教师数字素养的紧迫性。

（一）数字化教育趋势的不可逆转性

1. 政策驱动

各国政府和教育机构不断出台政策，推动教育信息化的发展。我国颁布的《教育信息化2.0行动计划》①明确提出要大力推进教育信息化建设，提高教师的信息化素养和应用能力。这些政策的实施，推动了数字化教育的深入发展，也对体育教师提出了更高的数字素养要求。政策的推动不仅体现在教育资源的分配上，还体现在教师培训和技术支持上，这些都为教师提升数字素养提供了有力保障。

---

① 教育部. 教育信息化2.0行动计划［EB/OL］.（2018－04－18）［2023－03－26］. http：//www. moe. gov. cn/srcsite/A16/s3342/201804/t20180425_334188. html.

2. 技术进步

随着人工智能、大数据、云计算和物联网等先进技术的快速发展，教育领域涌现出许多新的数字化工具和资源。这些技术为教育带来了前所未有的机遇和挑战，教师需要不断学习和适应新技术，以跟上时代发展的步伐。例如，人工智能技术在教学中的应用，可以通过智能评估系统对学生的学习情况进行实时监控和反馈，帮助教师调整教学策略，提高教学效果。

3. 教育变革

数字化教育正在改变传统的教学模式和学习方式。在线教育、混合式学习和个性化教学等新模式逐渐普及，要求教师具备较高的数字素养，能够灵活应用各种数字工具和资源，进行高效的教学设计和实施。例如，混合式学习模式结合了线上和线下教学的优势，要求教师不仅要能够进行传统的课堂教学，还要掌握在线教学平台的使用，能够设计和实施在线教学活动。

4. 全球化竞争

在全球化背景下，教育的国际化趋势日益明显。各国在教育领域的竞争日趋激烈，提高教育质量成为各国共同的目标。体育教师作为教育的实施者，必须提升自己的数字素养，以适应全球化教育发展的需求，提高教学水平和学生的综合素质。例如，国际教育评估项目越来越重视学生的数字素养，这也对教师的数字素养提出了更高的要求。

（二）提高教学质量和学生参与度的需求

1. 优化教学过程

数字素养使体育教师能够利用先进的数字技术和工具进行科学的教学设计和实施。通过数据分析和智能评估，教师可以准确了解学生的学习情况，及时调整教学策略，提高教学的针对性和有效性。例如，利用运动传感器和大数据分析技术，教师可以实时监控学生的运动表现，提供个性化的指导和反馈，显著提升教学效果。数字技术的应用，使得教学过程更加科学、系统和高效。

2. 丰富教学资源

数字素养使体育教师能够获取和利用丰富的数字化教学资源，如教学视频、虚拟现实和增强现实等。这些资源不仅可以丰富教学内容，还能提供逼真的学习体验，激发学生的学习兴趣。例如，利用增强现实技术，教师可以模拟真实的运动场景，进行技能训练和战术演练，提高学生的运动技能和战术意识。数字资源的丰富性，使得教学内容更加生动、有趣和多样化。

3. 促进学生参与

数字素养使教师能够利用互动教学工具和平台，增强教学的互动性和参与性。例如，利用在线教学平台和移动应用，教师可以进行实时互动和讨论，调动学生的积极性和参与度。同时，利用游戏化学习和虚拟比赛等方式，可以激发学生的学习动机，提高学习效果。例如，通过在线平台进行运动竞赛，不仅提高了学生的参与度，还增强了学生的竞争意识和团队合作能力。

4. 个性化教学

数字素养使体育教师能够根据学生的个体差异和学习需求，制定个性化的教学计划和指导方案。例如，利用大数据分析技术，教师可以根据学生的运动数据和学习进度，提供个性化的训练计划和改进建议，帮助学生提高运动技能和体能水平。个性化教学的实施，不仅满足了学生的个体需求，还增强了学生的学习体验和满意度。

5. 增强师生互动

数字素养使教师能够通过数字平台和工具，与学生进行更频繁和高效的互动。例如，通过在线讨论区、电子邮件和社交媒体，教师可以及时回答学生的问题，提供个性化的指导和支持，增强师生之间的交流与合作。师生互动的增强，不仅能提高教学质量，还促进了师生关系的和谐发展。

综上所述，提升体育教师的数字素养，对于适应数字化教育的不可逆转趋势，提高教学效果和学生参与度具有重要意义。数字素养的提升，不仅能够优化教学过程，丰富教学资源，促进学生参与，还能实现个性化教学，增强师生互动。在数字化教育背景下，提升体育教师的数字素养，是实现教育质量提升和学生全面发展的关键。这需要各级教育主管部门、学校和教师的共同努力，通过系统的培训和支持，不断提高体育教师的数字素养，推动教育现代化的进程。

第三节

体育教师数字素养的提升策略

在数字化时代背景下，体育教师的数字素养显得尤为重要。为了有效提升体育教师的数字素养，以适应新时代教育教学的需求，本节将详细探讨构建完善的培训与进修体系的策略，并通过实践策略来提升教师的数字素养，同时鼓励教师自我学习和有效利用资源。

一、构建完善的培训与进修体系

为了系统地提升体育教师的数字素养，构建一个完善、科学的培训与进修体系至关重要。该体系应涵盖培训内容的设计、培训方式的多样化实施，以及培训效果的评估与反馈机制。

（一）设计针对性的培训内容

设计针对性的培训内容是确保培训效果的关键。培训内容应根据体育教师的实际需求和数字化教学的具体要求进行设计，确保内容的实用性和针对性。

1. 基础技能培训

基础技能培训包括计算机基础操作、网络使用和常用软件的应用等，确保体育教师具备基本的数字技术操作能力。这些基础技能是进行任何数字化教学活动的前提，帮助教师建立稳固的技术基础。通过基础技能的培训，教师能够熟练掌握基本的办公软件、互联网资源的检索和利用，以及简单的多媒体制作技能。

2. 进阶技能培训

进阶技能培训包括大数据分析、人工智能技术应用、虚拟现实和增强现实技术的教学应用等，提升体育教师的高阶数字素养。通过进阶技能的培训，教师能够在教学中更好地应用先进技术，提高教学的互动性和学生的参与度。例如，学习如何利用大数据分析学生的运动数据，以优化教学计划；或通过虚拟现实和增强现实技术，为学生提供沉浸式的学习体验，增强教学效果。

3. 教学设计与实施培训

教学设计与实施培训包括数字化教学资源的开发与整合、在线教学平台的使用、多媒体课件的制作与应用等，帮助教师掌握数字化教学设计与实施的技能。这些培训内容旨在提高教师的教学设计能力，使其能够根据课程需求和学生特点，灵活应用数字技术进行教学。例如，学习如何制作富有吸引力的多媒体课件，如何在教学中有效使用在线平台进行互动教学，如何整合多种数字资源以增强教学效果。

4. 教学评估与反馈培训

教学评估与反馈培训包括数字化教学评估工具的使用、数据分析与反馈机制的建立等，提升教师在教学评估与反馈方面的能力。通过科学的评估与反馈机制，教师能够及时了解教学效果和学生的学习情况，进而不断改进教学方法和策略。例如，学习如何使用在线评估工具进行教学效果评估，如何分析评估数据以调整教学策略，以及如何通过及时的反馈机制帮助学生改进学习方法。

（二）多样化的培训方式与实施

多样化的培训方式可以满足不同教师的学习需求，提升培训的效果。通过线上线下相结合、自主学习与团队学习相结合的方式，确保培训的灵活性和多样性。

1. 开展线上培训

利用网络平台进行在线课程、视频讲座和网络研讨会等，方便教师随时随地进行学习。线上培训不仅打破了时间和空间的限制，还提供了丰富的学习资源和互动机会。例如，教师可以通过在线学习平台观看专家讲座，参与实时讨论，分享教学经验。线上培训的灵活性和丰富性使得教师能够在繁忙的教学工作之余，自主安排学习时间，提高学习效率。

2. 开展线下培训

组织专题讲座、工作坊和实地培训等，提供面对面的指导和交流机会。线下培训可以更直接地解决教师在实际操作中遇到的问题，提升培训的实际效果。通过面对面的互动，教师可以更深入地理解培训内容，并在实践中进行应用。例如，通过工作坊形式的培训，教师可以在实际操作中亲身体验数字技术的应用，获取第一手的实践经验。

3. 开展混合式培训

结合线上与线下培训的优势，通过线上资源的预习和线下实操的方式，提高培训的整体效果。混合式培训不仅灵活高效，还能更好地满足教师的个性化学习需求。教师可以在线上完成理论学习，再通过线下实践操作巩固知识。例如，先通过在线课程学习大数据分析的基础理论，然后在线下培训中进行实际数据分析操作，加深对理论的理解和应用。

4. 自我学习与团队学习

鼓励教师进行自主学习，提供自主学习资源和平台，同时组织教师团队学习和交流，促进经验分享和共同进步。通过自我学习和团队学习相结合，教师可以在互相交流和借鉴中不断提升自己的数字素养。团队学习还可以增强教师之间的协作能力，促进教学资源的共享和应用。例如，组织教师学习小组，定期开展专题讨论和经验交流，鼓励教师分享各自的学习成果和教学经验，形成良好的学习氛围。

（三）培训效果的评估与反馈机制

建立科学的评估与反馈机制，是确保培训效果的重要保障。通过系统的评估和及时的反馈，可以不断改进培训内容和方法，提升培训的质量和效果。

1. 培训前评估

在培训开始前，对教师的数字素养水平进行评估，了解教师的需求和薄弱环节，有针对性地设计培训内容。这一阶段的评估可以通过问卷调查、面试等方式进行，确保培训计划的科学性和针对性。例如，通过问卷调查了解教师对不同数字技术的掌握情况和应用需求，从而设计出更符合实际需要的培训课程。

2. 培训过程评估

在培训过程中，通过问卷调查、实地观察和在线测试等方式，实时监控培训的进展和效果，及时调整培训策略和内容。培训过程评估可以帮助识别培训中的问题，确保培训顺利进行。例如，通过阶段性测试和实地观察，了解教师对培训内容的掌握程度，及时调整培训方式和内容，确保培训效果。

3. 培训后评估

在培训结束后，通过综合测试、教学实绩评估和教师反馈等方式，全面评估培训效果，分析培训对教师数字素养提升的实际影响。培训后评估可以帮助衡量培训的实际效果，了解培训对教师教学实践的影响。例如，通过综合测试检验教师对所学内容的掌握情况，通过教学实绩评估了解培训对教学质量的实际提升，通过教师反馈了解培训过程中的优缺点，从而为今后的培训改进提供依据。

4. 反馈机制

建立有效的反馈机制，及时收集教师对培训的意见和建议，改进培训内容和方法。通过反馈机制，不仅可提高培训的针对性和实效性，还能增强教师的参与感和满意度。例如，通过定期的反馈调查收集教师对培训内容和方式的意见，及时调整培训计划，提高培训的效果和教师的满意度。反馈机制还可以促进培训机构和教师之间的沟通，形成良性互动，确保培训的持续改进。

通过构建完善的培训与进修体系，体育教师可以系统地提升自己的数字素养，掌握先进的数字化教学技能，从而更好地适应数字化时代的教育需求，提高教学质量，促进学生的全面发展。

二、提升体育教师数字素养的实践策略

在构建完善的培训与进修体系的基础上，体育教师还需要在教学实践中积极应用所学知识和技能，通过具体的实践策略，不断提升自己的数字素养。以下是一些提升体育教师数字素养的实践策略，我们重点结合中国的实际情况进行分析和举例。

（一）应用数字工具进行教学设计

应用数字工具进行教学设计，是提升体育教师数字素养的重要途径。通过科学合理地利用各种数字化工具，教师可以优化教学设计，提高教学效果。

数字课件制作。针对体育理论课与专项课，体育教师可使用多媒体制作软件（如 PowerPoint 等）制作生动、直观的教学课件，结合文字、图片、视频和音频等多种媒体元素，增强教学内容的可视化和互动性。例如，教师可以利用 WPS Office 中的 PowerPoint 功能制作包含运动示范视频和动作分解图的课件，帮助学生更好地理解和掌握运动技能。

虚拟现实与增强现实应用。利用虚拟现实和增强现实技术，教师可以设计虚拟运动场景和模拟训练环境，帮助学生在虚拟世界中进行技能训练和战术演练。例如，北京体育大学的教师使用虚拟现实技术模拟篮球比赛场景，让学生在虚拟环境中练习战术安排和配合，提升实际操作技能。

在线教学平台的使用。通过使用在线教学平台（如学堂在线、钉钉教育等），教师可以进行课程管理、作业布置和在线测试等，方便学生随时随地进行学习和互动。在线平台还提供了丰富的教学资源和工具，教师可以根据课程需要选择和应用，提升教学效果。例如，疫情防控期间，许多体育教师利用钉钉平台开展线上教学和互动，取得了良好的教学效果。

数字化评估工具。使用数字化评估工具（如问卷星、蓝墨云班课、Google Forms 等），教师可以设计在线测试和问卷调查，及时了解学生的学习情况和反馈。通过分析测试结果，教师可以调整教学策略，针对学生的薄弱环节进行重点辅导，提高教学的针对性和实效性。例如，利用蓝墨云班课的在线测评功能，教师可以实时监控学生的测试结果，并根据数据分析结果进行教学调整。

（二）利用数据分析改进教学方法

数据分析是提升体育教师数字素养的重要方面。通过数据分析，教师可以深入了解学生的学习情况和教学效果，及时调整和改进教学方法。

学习数据收集。通过在线平台和智能设备，教师可以收集学生的学习数据，包括出勤率、作业完成情况、测试成绩等。这些数据可以为教师提供全面、真实的教学信息，帮助他们了解学生的学习进展和存在的问题。例如，使用学堂在线平台，教师可以跟踪学生的学习轨迹，记录学生的作业提交情况和测验成绩。

数据分析工具的应用。使用数据分析工具（如 Excel、SPSS、Tableau 等），教师可以对收集到的数据进行深入分析，发现学生的学习规律和趋势。例如，通过分析学生的测试成绩，教师可以发现哪些知识点是学生的薄弱环节，进而在教学中加强这些内容的讲解和练习。北京师范大学的体育教师在研究中使用 SPSS 对学生的体能测试数据进行分析，帮助制订更加科学的训练计划。

教学策略调整。根据数据分析的结果，教师可以及时调整教学策略，提高教学的针对性和实效性。例如，如果数据分析显示某些教学方法效果不佳，教师可以尝试新的教学方法和工具，进行教学创新和改进。例如，通过数据分析发现学生在长跑训练中的表现普遍较差，教师可以调整训练计划，加强耐力训练，并结合心理辅导，提高学生的训练效果。

个性化教学指导。通过数据分析，教师可以为每个学生提供个性化的教学指导，帮助他们克服学习困难，提升学习效果。例如，教师可以根据学生的学习数据，制定个性化的学习计划和练习方案，进行针对性的辅导和指导。例如，在上海体育学院，教师利用大数据分析学生的运动表现，为每个学生制订个性化的训练计划，帮助他们提高运动技能和体能水平。

（三）整合数字资源丰富教学内容

整合和利用丰富的数字资源，是提升体育教师数字素养的重要策略。通过整合各种数字资源，教师可以丰富教学内容，提高教学效果。

数字化教材与资源库。利用数字化教材和资源库（如中国大学MOOC、爱课程、Khan Academy 等），教师可以获取丰富的教学资源，包括视频课程、电子书籍、教学案例等。这些资源可以为教师提供有力的教学支持，帮助他们设计和实施高质量的教学活动。例如，教师可以在中国大学 MOOC 平台上找到优秀的体育课程视频，作为课堂教学的补充资料。

教学视频与多媒体资源。通过制作和使用教学视频与多媒体资源，教师可以直观、生动地展示教学内容，提高学生的学习兴趣和参与度。例如，教师可以录制运动技能示范视频，帮助学生在课后进行复习和练习。在清华大学，体育教师利用多媒体技术制作了高质量的教学视频，涵盖了篮球、足球、游泳等多种体育项目，供学生在线学习。

在线学习社区与平台。利用在线学习社区和平台（如钉钉群、微信学习群、Google Classroom 等），教师可以与学生进行互动和交流，分享教学资源和经验。这些平台提供了丰富的教学工具和资源，教师可以根据课程需要选择和应用，提高教学效果。例如，许多体育教师利用微信学习群与学生交流，解答学生的问题，分享教学视频和练习方案，促进学生的自主学习和合作学习。

开放教育资源。通过使用开放教育资源（如国家智慧教育公共服务平台、MIT OpenCourseWare、OpenStax 等），教师可以免费获取高质量的教学材料和课程内容，丰富教学内容，提升教学质量。开放教育资源为教师提供了多样化的教学选择，帮助他们设计和实施个性化的教学活动。例如，教师可以利用国家智慧教育公共服务平台提供的免费课程资源，结合自己的教学内容，设计更加丰富多样的教学活动。

通过以上实践策略，体育教师可以在实际教学中不断提升自己的数字素养，掌握和应用先进的数字技术，提高教学质量和学生的学习效果。这些策略不仅有助于提升教师的专业水平，还能促进教学模式的创新和发展。在数字化时代，体育教师需要不断学习和适应新的技术和工具，以便更好地应对教育变革的挑战，实现教学目标。

第八章

数字化体育教学的未来展望

第一节
全书内容回顾与总结

在本书中，我们详细探讨了数字化技术对高等学校体育教学的变革与创新。通过多角度、多层次的分析，揭示了数字化时代下体育教学面临的挑战与机遇，并提出了相应的策略和方法。本节将全面回顾全书内容，重点总结主要研究成果，并探讨未来研究的局限性与方向。图 8-1 是本书的撰写思路图。

一、全书内容的回顾

第一章介绍了数字化时代的背景，阐述了数字化技术的发展与普及，以及其对社会各领域的深远影响。随着信息技术的迅猛发展，数字化技术已逐渐渗透到社会的各个层面，改变着人们的生产和生活方式。特别是在教育领域，数字化趋势尤为明显。本章探讨了高等教育的全球化趋势，并分析当前高等教育面临的诸多挑战，包括教学质量、教育公平性和教育资源配置等方面的问题。由此提出高等教育改革的必要性，特别强调体育教学在高等教育中的重要地位和作用，以及数字化时代体育教学变革的迫切需要，这成为本书的出发点。

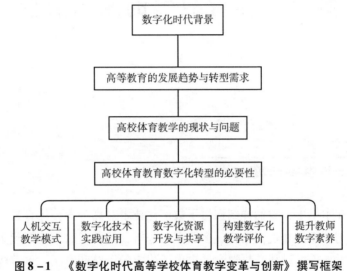

图 8 - 1　《数字化时代高等学校体育教学变革与创新》撰写框架

资料来源：笔者绘制。

第二章详细探讨了数字化技术在高等教育中的具体应用。首先介绍数字化技术的定义、分类和发展历程，随后分析当前数字化校园建设的现状、教学工具的使用以及管理中的实际问题。本章重点讨论了数字化技术对教育模式的影响，包括教学方式的变革、学习资源的共享和教育管理的优化。通过具体案例，如数字化校园系统、在线学习平台和教学管理系统等，本章分析了这些技术在提高教学效率和教学质量方面的显著作用。

第三章重点研究了数字化时代体育教学模式的变革。首先，提出数字化体育教学的理论基础，分析当前数字化体育教学的研究现状。其次，详细探讨数字化体育教学模式的构建策略，包括模式的特点、设计原则和具体构建步骤。此外，重点介绍基于人工智能的混合式体育教学模式，分析其特点、优势及在体育教学中的具体应用案例。通过这些研究，展示如何利用数字化技术设计出更加灵活和互动的体育教学模式，以适应不同学生的学习需求，提高教学效果。

第四章分析了数字化技术在高等学校体育教学中的具体应用，重点讨论了虚拟现实和增强现实技术在体育技能训练中的应用，介绍大数据技术在体育教学中的应用，以及运动技术分析在体育教学中的实际应用和案例分析。通过具体案例，如上海交通大学和北京大学的实践，展示数字化技术如何提升体育教学的质量和效果。这些案例不仅体现了数字化技术在体育教学中的广泛应用，还为其他高校提供了可借鉴的成功经验。

第五章探讨了数字化体育教学资源的开发与共享。本章首先详细介绍了数字化体育教学资源的分类、特点及获取与管理方法，探讨数字化教材和教学工具的开发与应用，提出建设数字化教学资源库的策略和方法。通过分析这些资源对教学质量提升的积极作用，强调数字化资源在现代体育教学中的重要性，指出资源共享对提高教育质量和效率的显著作用。

第六章深入分析了数字化技术赋能体育教学评价的理论基础和实际应用。本章提供上海交通大学"运动画像"系统和北京大学人工智能辅助体育教学两个案例，展示数字化评价对体育教学质量的反馈与改进。通过这些案例，探讨如何利用大数据和人工智能技术，建立科学、全面的教学评价体系，以提高教学评估的客观性和准确性。本章不仅展示了当前数字化评价的成功实践，还提出了未来发展的可能方向。

第七章重点研究了提升体育教师数字素养的策略。首先，介绍数字素养的定义与内涵，分析体育教师的数字素养现状和面临的挑战。其次，提出系统化培训、数字化教学实践和教师自主学习的具体策略，强调数字素养在提升教学质量和学生学习效果中的重要作用，提供具体的提升路径和方法，旨在帮助体育教师更好地适应数字化教学环境，全面提升其教学能力和素养。

通过以上章节的详细分析和探讨，本书系统回顾了数字化技术在高等学校体育教学中的应用与变革，依据丰富的理论依据和实践案例，为读者理解和应用数字化体育教学提供了全面的指导和参考。

二、主要研究成果总结

通过对全书内容的系统回顾与总结，可以得出一些重要的研究成果。这些成果不仅展示了数字化技术在体育教学中的创新应用，也为未来的研究与实践提供了宝贵的参考。

（一）数字化技术推动体育教学变革

数字化技术为体育教学带来了全新的工具和方法，显著提升了教学的互动性和有效性，推动了教学模式的创新。虚拟现实、增强现实、大数据分析和人工智能等先进技术，在体育教学中发挥了重要作用。这些技术不仅极大地丰富了体育教学的手段和内容，还提升了学生的学习体验。例如，虚拟现实技术能够模拟真实的运动场景，使学生在虚拟环境中进行体育训练；增强现实技术则可以将虚拟信息叠加到现实世界中，帮助学生更好地理解运动技巧。大数据分析和人工智能技术能够对学生的运动数据进行精细化分析，提供个性化的学习方案和实时反馈，提升教学效果。

（二）数字化体育教学资源的开发与共享

通过开发和整合数字化教学资源，提高了资源的利用率和教学质量。数字化体育教学资源，包括电子教材、教学视频、虚拟实验室等，为学生提供了丰富的学习资源和个性化的学习体验。这些资源不仅便于学生随时随地进行学习，还能通过多媒体形式增强学习的趣味性和互动性。数字化资源的共享机制，使得优质资源能够在更大范围内传播和应用，促进了教育资源的均衡分配。例如，通过建设数字化教学资源库，教师和学生可以方便地获取和利用优质的教学资源，从而提升整体教学水平。

（三）数字化教学评价体系的构建策略

利用大数据、人工智能等技术，建立了科学、全面的教学评价体系。传统的教学评价方法往往存在主观性强、反馈滞后等问题，而数字化教学评价体系则能够有效解决这些问题。通过大数据分析，可以对学生的学习过程和效果进行全面监测，提供客观、精准的评价结果。人工智能技术能够根据学生的个性化需求，提供实时、个性化的反馈，帮助教师及时调整教学策略，提升教学效果。例如，上海交通大学的"运动画像"系统和北京大学人工智能辅助体育教学系统，均通过数字化手段提高了教学评估的科学性和实用性。

（四）体育教师数字素养提升策略

通过系统化培训、数字化教学实践和教师自主学习的策略，为提升体育教师的数字素养提供了有效路径。数字素养是体育教师适应数字化教学环境、提升教学质量的重要保障。通过系统化的培训计划，教师能够全面掌握数字化技术的基本知识和应用技能。数字化教学实践则为教师提供了实践操作的平台，帮助他们在实际教学中积累经验、提高能力。此外，教师自主学习也是提升数字素养的重要途径，通过自主学习，教师可以不断更新知识、掌握最新的技术动态。例如，通过开展数字化教学工作坊、在线课程和教师社区，教师可以在互动交流中不断提升自身的数字素养和教学能力。

总结来看，本书在数字化时代高等学校体育教学变革与创新方面取得了诸多研究成果。这些成果不仅为当前的体育教学提供了新的思路和方法，也为未来的教育改革与创新奠定了坚实的基础。通过深入探讨数字化技术的应用、资源开发与共享、教学评价体系的构建以及教师素养的提升，本书为实现高质量的体育教学提供了全面的理论支持和实践指导。

三、研究的局限性与未来研究方向

尽管本书对数字化体育教学的变革与创新进行了系统而详尽的研究，但仍然存在一些局限性，需进一步探讨和深化。例如，实际应用中的个别案例分析不够深入，部分策略的实践效果尚需进一步验证。因此，未来的研究可以从以下几个方面展开，以弥补现有研究的不足，并推动数字化体育教学的发展。

（一）更深入的案例研究

未来研究应注重对不同高校和地区的数字化体育教学实践进行深入研究，总结更多成功经验和教训。目前，本书中的案例研究虽然提供了一些有益的见解，但缺乏对具体实践细节的深入剖析。通过更广泛和深入的案例分析，能够全面了解数字化技术在不同环境和背景下的应用效果。例如，研究不同类型高校（如研究型大学、应用型大学）的数字化体育教学实践，以及不同地区（如城市与农村）的应用差异，可以为制定更加科学、有效的改进策略提供丰富的实证依据。

（二）长效机制的建立

数字化体育教学的可持续发展需要建立健全的长效机制。未来研究应重点探讨如何建立和完善数字化体育教学资源和评价体系的长效机制，确保数字化技术的应用能够持续发挥作用。这包括但不限于资源的定期更新、技术支持的持续提供、教师培训的系统化等方面。例如，建立一个动态的资源更新机制，确保教学内容和工具能够及时反映最新的技术发展和教育需求；制订系统的教师培训计划，帮助教师不断提升数字化素养和教学能力；同时，构建有效的技术支持体系，为数字化教学的顺利实施提供保障。

（三）学生学习效果的深度分析

通过大数据和人工智能技术，未来研究可以更加深入地分析学生的学习行为和效果，以提出更有针对性的教学改进策略。目前的研究虽然探讨了数字化技术在提升教学效果方面的作用，但对学生学习行为的细致分析尚显不足。利用大数据技术，对学生的学习行为进行全面分析，揭示其学习习惯和规律，能够帮助教师制订更加科学的教学计划。例如，通过数据挖掘技术分析学生在不同学习阶段的行为模式，了解其学习困难和需求，从而提供个性化的教学建议，提升学生的学习效果。

（四）跨学科研究与合作

数字化体育教学的进一步发展需要跨学科研究与合作的推动。未来研究应鼓励跨学科合作，将更多先进的技术和方法引入体育教学，促进教学模式的创新与发展。例如，与计算机科学、数据科学、教育技术等学科的合作，可以探索更多技术在体育教学中的应用场景，开发更加智能化和个性化的教学工具。同时，跨学科合作还可以促进不同领域专家的知识交流和创新碰撞，推动数字化体育教学理论和实践的双重进步。

（五）实践效果的验证与优化

未来研究还应注重对现有策略和方法的实践效果进行验证与优化。目前，本书提出的部分策略和方法在实践中尚需进一步验证其有效性和可行性。通过实地调研和实验研究，验证这些策略在不同教学环境和条件下的应用效果，并根据实际反馈进行调整和优化。例如，设计控制实验，对比分析不同教学策略的实际效果，从而不断完善和优化数字化体育教学方法，确保其在实际教学中能够发挥最佳效果。

总结来看，虽然本书在数字化体育教学变革与创新方面取得了诸多重要成果，但未来研究仍需在更深入的案例研究、长效机制的建立、学生学习效果的深度分析、跨学科研究与合作及实践效果的验证与优化等方面做出更大的努力。这将为数字化体育教学的进一步发展提供坚实的理论基础和实践指导。

第二节
体育教学在数字化时代的未来趋势

一、数字化技术的发展趋势及其在体育教学中的应用前景

随着科技的飞速发展，数字化技术已经渗透到各行各业，体育教育领域也不例外。数字化技术的引入，不仅改变了传统的教学方式，还为体育教学提供了更多的可能性。本部分将深入探讨人工智能与机器学习、虚拟现实与增强现实以及大数据与云计算在体育教

学中的应用及其未来发展趋势。

（一）人工智能与机器学习赋能体育教学

人工智能和机器学习技术的迅猛发展，为体育教学带来了革命性的变革。这些技术通过智能分析、预测和个性化服务，极大地提升了体育教学的效率和质量。

1. 智能教学助手的出现

人工智能技术可以构建智能教学助手，这类助手能够高效地处理和分析大量的教学数据，从而为教师提供精准的学生学习情况反馈。通过机器学习算法，智能教学助手还能根据学生的学习进度和成绩，自动生成个性化的学习计划。这不仅分担了教师的教学压力，还能确保每位学生都能获得最适合自己的学习路径。

2. 运动动作的智能分析

借助人工智能技术，现在可以对学生的运动动作进行深度分析。通过视频捕捉和图像识别，系统能实时监测学生的运动姿态，准确识别动作中的不足，并提供科学的改进建议。例如，在篮球教学中，人工智能可以帮助分析投篮姿势，指导运动员调整手腕和手臂的角度，以达到最佳的投篮效果。

3. 学习行为的精准预测

机器学习模型使得人工智能能够预测学生的学习行为。通过分析历史数据，人工智能可以判断学生在未来可能遇到的学习难点，从而帮助教师提前制定干预策略。例如，根据学生在体育训练中的表现，人工智能可以预测其疲劳程度，为教师调整训练计划提供科学依据。

（二）虚拟现实与增强现实在体育教学中的应用深化

虚拟现实与增强现实技术在体育教学中的应用正日益广泛，它们为学生和教师提供了更为丰富和高效的教学手段和学习体验。

1. 构建多元化的虚拟体育环境

虚拟现实技术不仅限于创建单一的虚拟运动场景，更可以构建多元化的体育环境，满足不同项目和不同层次学生的需求。例如，对于初学者，可以设计基础技能训练的虚拟环境；对于高级选手，则可以模拟真实的比赛场景，包括观众、裁判、赛场气氛等元素，以提升学生的比赛经验和心理素质。

同时，虚拟现实技术还可以模拟不同的天气和场地条件，让学生在各种环境下进行训练，增强适应性和应变能力。

2. 技能模拟训练的进阶应用

除了基础技能的模拟训练，虚拟现实和增强现实技术还可以用于高阶技能的进阶训练。例如，在体操项目中，可以通过虚拟现实技术模拟复杂的空中动作，让学生在安全的环境下进行反复练习，直至熟练掌握。在篮球或足球等团队项目中，可以利用增强现实技术在真实场地上叠加虚拟的战术线路和球员位置，帮助学生更好地理解团队战术和个人位置感。

3. 虚拟比赛与互动的多元化发展

虚拟现实和增强现实技术为组织虚拟比赛和互动活动提供了更多可能性。除了传统的竞技对抗，还可以引入团队协作、解谜、寻宝等多元化玩法，增加学生的参与感和兴趣。此外，通过增强现实技术，学生可以在现实比赛中实时查看自己和队友的运动数据和表现，及时调整战术和策略。

（三）大数据与云计算在体育教学中的应用拓展

大数据和云计算技术在体育教学中的应用不仅限于基本的数据收集和分析，它们正在推动体育教学更加科学、精准。

1. 数据驱动的教学设计优化

通过大数据分析，教师可以更全面地了解学生的身体素质、技能水平和运动习惯，从而制订更加个性化的教学计划。云计算技术则能够实时处理和分析这些数据，为教师提供即时的反馈和建议，确保每位学生都能得到量身定制的训练方案。

2. 实时数据监测与即时反馈

借助云计算技术，教师可以实时监测学生的运动表现，包括心率、速度、力量等多项指标。当学生的运动数据出现异常时，系统可以自动发出预警，提醒教师及时关注并调整训练计划。这种实时监测和预警机制有助于预防运动损伤和提高训练效率。

3. 全面评估教学效果

大数据分析不仅可以帮助教师评估学生的个体表现，还可以对整个班级或年级的教学效果进行精准分析。通过对比不同时间段、不同教学方法下的学生数据变化，教师可以更清晰地了解哪些教学方法更有效，哪些学生需要额外的关注和帮助。这种精准评估有助于教师不断优化教学方法，提高教学质量。

综上所述，虚拟现实与增强现实以及大数据与云计算技术在体育教学中的应用正在不断深化和拓展。这些技术不仅提升了教学的效率和质量，还为学生提供了更加个性化和科学化的学习体验。随着技术的进一步发展，我们有理由期待这些数字化工具将在未来的体育教学中发挥更加重要的作用。

二、体育教学模式的未来发展方向

随着科技的飞速进步和教育理念的革新，体育教学模式正面临着前所未有的变革。未来，体育教学模式将朝着混合式教学、个性化教学以及增强互动与协作的方向发展，为学生提供更为丰富、灵活和高效的学习体验。

（一）混合式教学模式的深度融合

混合式教学模式将线上数字化学习与线下实践训练有机结合，充分融合了二者的优势，为体育教学注入了新的活力。

1. 线上学习资源的创新利用

借助先进的在线平台，学生将能够随时随地访问到丰富多样的学习资源，如高清教学视频、互动式课程以及精心设计的课件。这些资源不仅为学生提供了自主学习的机会，还能帮助教师根据学生的实际学习情况，进行精准的资源推荐，从而满足学生个性化的学习需求。

2. 线下实践训练的强化与提升

线下课堂将成为学生巩固和应用线上所学知识的重要场所。教师将通过组织实际的体育训练和比赛，帮助学生将理论知识转化为实践技能。这种线上线下的有机结合，将使学生在理论学习与实践训练之间找到最佳的平衡点，从而大幅提升学习效果。

3. 互动与反馈机制的完善

混合式教学模式将更加注重师生之间以及学生之间的互动与交流。通过在线讨论、小组合作以及实时反馈等方式，学生将能够更积极地参与到学习活动中来，不仅提升了学习的主动性，还增强了学习的深度和广度。

（二）个性化教学的全面推广与实践

基于大数据和人工智能技术的个性化教学将成为未来体育教学的重要趋势。通过分析学生的学习数据，教师将能够为每个学生量身定制个性化的教学计划和训练方案。

1. 个性化学习路径的精准定制

利用先进的数据分析技术，教师将能够深入了解每个学生的学习特点和需求，从而为他们制定最具针对性的学习路径。例如，针对运动能力较弱的学生，教师可以设计循序渐进的训练计划，帮助他们在逐步提升运动技能的同时，建立起对体育运动的信心和兴趣。

2. 个性化指导与即时反馈的实现

数字平台将为教师提供强大的个性化指导工具。通过实时监控学生的学习进度和表现，教师将能够及时给予个性化的指导和反馈，帮助学生迅速纠正错误、改进方法并提升学习效果。此外，借助智能分析系统，教师还可以为学生提供更为精准的训练建议和策略。

3. 自适应学习系统的广泛应用

自适应学习系统将根据学生的学习情况和进步速度，自动调整学习内容和难度，以确保每个学生都能够在最适合自己的挑战水平上不断进步。这种智能化的学习系统不仅提高了学习效率，还让学生在学习过程中始终保持高度的投入和热情。

（三）互动与协作的进一步强化与拓展

数字技术将为师生之间以及学生之间的互动与协作提供更为便捷和高效的渠道。

1. 在线讨论与交流的深化

通过功能强大的在线讨论平台，学生将能够随时与教师和同学进行深入的学术交流和思想碰撞。这种即时的互动不仅有助于解决学习中的疑难问题，还能激发学生的学习兴趣和创新思维。

2. 协作项目与任务的创新设计

教师将能够利用在线平台组织更为丰富多样的协作项目和任

务。通过小组合作、角色扮演以及问题解决等方式，学生将能够在实践中培养团队合作精神、提升解决问题的能力，并逐渐形成全面而均衡的发展态势。

3. 虚拟实验与模拟训练的普及与推广

借助先进的虚拟现实技术，学生将能够在高度仿真的虚拟环境中进行实验操作和模拟训练。这种创新的学习方式不仅增强了学习的趣味性和实践性，还能帮助学生在安全的环境中快速掌握关键技能和知识要点。

三、数字化体育教学的潜在挑战与应对策略

在积极推进数字化体育教学的过程中，会面临一系列潜在的挑战。这些挑战主要来自技术成本与资源分配、教师数字素养的提升，以及学生数字能力的培养等方面。为了克服这些挑战，需采取针对性的策略，以确保数字化体育教学的顺利实施。

（一）技术成本与资源分配的挑战及应对策略

数字化体育教学的推进首先需要解决技术成本与资源分配的问题。技术的引入、设备的购置、系统的维护等都需要大量的资金投入。同时，如何合理分配和利用这些资源，确保教育公平，也是一个亟待解决的问题。

1. 资金投入与筹措

数字化技术的引入和应用需要大量的初期投资，包括硬件设备的购置、软件系统的开发以及后期的维护和升级费用。对于资金相对紧张的教育机构，这无疑是一个巨大的挑战。为了缓解资金压力，教育机构可以积极寻求多元化的资金来源，如政府补贴、社会捐赠、校企合作等。此外，通过云服务、资源共享等方式，也可以

在一定程度上降低技术成本。

2. 资源的科学分配与利用

在资源分配方面，教育机构需要制定科学合理的分配方案，以确保每个学生都能平等地享有数字化体育学习资源。这要求教育机构充分考虑学生的实际需求，避免资源的浪费和不合理分配。同时，通过建立资源共享平台，促进校际的资源共享与合作，也是提高资源利用效率的有效途径。

3. 技术支持与服务体系的完善

数字化技术的应用需要专业的技术支持和服务作为保障。为了确保数字化教学设备的正常运行和高效使用，教育机构应建立完善的技术支持体系。这包括设备的安装调试、日常维护、故障排查以及软件系统的更新升级等方面。通过提供专业的技术支持和服务，可以确保数字化体育教学的顺利进行。

（二）教师数字素养的提升策略

教师是数字化体育教学的关键因素。然而，目前许多教师的数字素养尚不能满足数字化体育教学的需求。因此，提升教师的数字素养成为推进数字化体育教学的重要任务。

1. 系统化的数字素养培训

为了提升教师的数字素养，教育机构应为教师提供系统化的培训。这包括数字技术的基本操作、数字化教学工具的使用、网络教学资源的搜索与整合等方面。通过定期的培训活动，可以帮助教师逐步掌握数字化教学的核心技能和方法。

2. 持续的技术支持与辅导

除了培训外，教育机构还应为教师提供持续的技术支持和辅导。当教师在数字化教学过程中遇到技术问题时，能够及时得到专业的指导和帮助。这不仅可以解决教师的实际问题，还能增强他们对数字化教学的信心和热情。

3. 建立有效的激励机制

为了鼓励教师积极参与数字化教学培训和实践，教育机构应建立有效的激励机制。通过设立奖励制度、开展教学竞赛等方式，对在数字化教学中表现突出的教师进行表彰和奖励。这不仅可以激发教师的积极性，还能促进数字化体育教学的深入发展。

（三）学生数字能力的培养路径

在数字化体育教学中，学生的数字能力同样至关重要。为了帮助学生更好地适应和利用数字化学习资源，我们需要从多个方面提升学生的数字能力。

1. 加强数字素养教育

学校应将数字素养教育纳入课程体系，明确培养目标并制订相应的教学计划。通过开设信息技术课程、组织数字技能竞赛等方式，帮助学生掌握基本的数字技能和信息素养。这包括计算机操作、信息检索与筛选、网络安全与隐私保护等方面。

2. 丰富数字工具的应用实践

学校应为学生提供丰富的数字工具和资源，鼓励他们在实际学习中应用这些工具。例如，利用在线学习平台进行自主学习、使用数字图书馆查阅文献资料、通过虚拟实验室进行科学探究等。这些实践活动不仅可以提高学生的数字能力，还能培养他们的创新思维和解决问题的能力。

3. 培养自主学习能力

学校应注重培养学生的自主学习能力。在数字化学习环境中，学生需要具备独立获取信息、分析问题和解决问题的能力。因此，学校应组织各种形式的自主学习活动，提供必要的学习资源和指导，帮助学生养成良好的学习习惯和自主意识。同时，通过建立学习小组、开展在线讨论等方式，促进学生之间的交流与合作，共同提高学习效果。

综上所述，面对数字化体育教学的潜在挑战，需从技术成本与资源分配、教师数字素养提升以及学生数字能力培养等方面采取针对性的策略。通过整合各方资源、加强培训与支持以及激发学生的自主学习能力等措施，可有效推进数字化体育教学的深入发展，为培养具备高度信息素养和创新能力的人才奠定坚实基础。

第三节

持续探索与创新数字化体育教学的倡议

在数字化时代，体育教学的变革与创新需要全体教育工作者的共同努力。本书呼吁各界积极探索和创新，为实现数字化体育教学的持续发展贡献力量。

一、深入探索数字化体育教学的紧迫性与意义

在信息技术日新月异的时代背景下，数字化体育教学显得愈发重要。它不仅是教育现代化的必然趋势，更是提高教学质量、促进学生全面发展的关键途径。数字化体育教学的深入探索与实践，对于高等教育改革与发展具有深远的战略意义。

数字化体育教学显著提升了教学的互动性与趣味性。传统体育教学受限于场地、器材等物理条件，而数字化技术的引入则打破了这些束缚。通过运用先进的虚拟现实、增强现实以及人工智能技术，教师能够构建出更为逼真、生动的教学环境。例如，利用虚拟现实技术，学生可以沉浸在模拟的运动场景中，进行实战模拟训练，这种身临其境的学习体验无疑会极大激发学生的学习兴趣与

热情。

数字化体育教学为个性化教育提供了可能。在传统教学模式下，教师往往难以兼顾每位学生的个体差异和学习需求。而借助大数据与人工智能技术，教师可以对学生的学习行为、成绩等进行深度分析，进而为每位学生量身定制个性化的学习路径与训练计划。这种精准化的教学方式不仅能够助力优秀学生更上一层楼，也能为学习基础薄弱的学生提供更为贴心的辅导与支持，从而实现教学质量的整体提升。

数字化体育教学对于优化教学资源配置、推动教育公平具有积极作用。传统体育教学中，优质教育资源的分布往往不均衡，一些偏远地区或教育资源匮乏的学校难以享受到高质量的教学服务。而数字化技术的运用，使得优质教学资源得以在更广范围内共享。通过建立数字化教学资源库，教师可以轻松获取丰富多样的教学素材与案例，而学生也可以随时随地进行自主学习与提升。此外，远程教育技术的普及更是让偏远地区的学生也能接触到先进的教学理念与方法，从而在一定程度上缩小了城乡教育差距。

数字化体育教学还有助于培养学生的自主学习与终身学习能力。在数字化环境下，学生不再是被动的知识接受者，而是成为主动的学习者与探索者。他们可以借助各种数字化工具与平台，自主选择学习内容、掌控学习进度，并逐步形成良好的自主学习习惯。这种能力的培养对于学生未来的职业发展以及终身学习都具有重要意义。

综上所述，深入探索与实践数字化体育教学不仅是时代发展的必然要求，更是提升教学质量、促进学生全面发展的重要途径。我们应从多个维度出发，充分发挥数字化技术的优势与潜力，为高等体育教育的改革与发展注入新的活力与动力。

二、激励创新教学实践的深入策略探讨

在推动数字化体育教学持续发展的过程中，激励创新教学实践显得尤为重要。为了实现这一目标，需从政策、资源、人才和激励机制等多个维度进行深入探讨，并提出具体的策略建议。

（一）政策专项支持与引导

政府和教育主管部门在推动数字化体育教学创新实践中扮演着关键角色。首先，应制定明确的政策导向，鼓励和支持高校在数字化体育教学方面进行探索和创新。这包括设立专项基金，以资助高校开展数字化教学研究和设备更新。通过政策的专项支持，可有效降低高校在创新实践中的经济压力，提升其探索新教学模式的积极性。

同时，政策还应引导高校加强信息技术与教育教学的深度融合。这要求高校不仅要在技术上实现数字化，更要在教学理念和方法上进行革新。政策可明确要求高校设立数字化教学研究机构，推动教师运用信息技术改进教学方法，从而提升教学质量。

（二）加大资源投入与技术引进

资源投入是实现数字化体育教学创新实践的重要保障。高校应增加对数字化教学设备和软件的采购预算，确保教学工具的先进性和完备性。这不仅包括基础的硬件设施，如交互式白板、多媒体教室等，还包括专业的体育教学软件、虚拟现实和增强现实等先进技术。

此外，高校还应积极与科技型企业合作，引进最新的教育技术解决方案。通过与企业共同研发或定制适合体育教学的数字化工

具，可以更有效地满足教学需求，提升教学效果。这种合作模式还能帮助高校及时了解市场动态和技术发展趋势，保持数字化体育教学的领先地位。

（三）　全面加强人才培养与引进

数字化体育教学的成功实施，关键在于拥有一支高素质的教师队伍。因此，高校应制订全面的人才培养计划，提升现有教师的数字素养和教学能力。这包括定期组织数字化教学培训、邀请专家举办讲座和指导、鼓励教师参与在线课程学习等。通过这些措施，教师可以更好地掌握数字化教学工具和方法，提高教学效果。

同时，高校还应积极引进具有信息技术和教育背景的人才。通过校园招聘、社会招聘等多种渠道，吸引更多专业人才加入数字化体育教学的队伍。这些新引进的人才不仅能带来新的教学理念和方法，还能为现有教师队伍注入新鲜血液，推动数字化体育教学的持续创新。

（四）　建立健全的激励机制

为了激发教师参与数字化教学研究和实践的积极性，高校应建立健全的激励机制。这包括设立教学创新奖、提供研究资助等多种形式。通过定期评选和表彰在数字化教学方面取得突出成绩的教师，可以树立榜样，激励更多教师投身于数字化体育教学的创新实践中。同时，提供研究资助可以鼓励教师深入探索数字化教学的新领域和新方法，推动数字化体育教学的不断发展。

三、推动数字化体育教学持续发展的探讨与建议

在数字化浪潮的推动下，体育教学正迎来前所未有的变革。为

实现数字化体育教学的持续发展，我们必须从多个维度进行深入探讨，并建立一套行之有效的策略体系。

（一）构建稳固的数字化体育教学基础

为实现数字化体育教学的长远发展，稳固的基础建设至关重要。高校应确立明确的数字化教学目标和要求，制定详尽的制度和规范，以确保数字化教学的有序进行。建立专门的数字化教学资源库是这一基础建设的核心环节，这不仅能保障教学资源的实时更新和专业维护，还能为教师和学生提供丰富、多样的教学内容。同时，定期组织的教学研讨和培训活动也是提升教师数字素养和教学能力的关键，这有助于他们更好地适应数字化教学环境，提高教学效果。

（二）加强高校间的交流与合作

在数字化体育教学的道路上，高校间的交流与合作显得尤为重要。通过建立联盟、定期举办研讨会和交流会等方式，各高校可以共享教学经验、教学资源，甚至可以共同开发新的教学项目和研究。这种合作不仅能够加速数字化体育教学的发展，还能有效避免资源的重复建设和浪费。同时，国际合作也是一个不可忽视的方向，借鉴和学习国际先进的数字化教学经验和技术，对于提升我国数字化体育教学的整体水平具有积极意义。

（三）深化实践与反馈机制

数字化体育教学的实践过程中，学生的反馈是优化教学方法和策略的重要依据。教师应积极收集和分析学生的反馈意见，通过教学评估和问卷调查等方式，了解学生的真实需求和感受。利用大数据分析技术，教师可以更准确地评估教学效果，发现存在的问题，并及时采取相应的改进措施。这种实践与反馈的循环机制，将有助于数字化体育教学的持续优化和创新。

（四）全面提升教师和学生的数字化素养

教师和学生的数字化素养是数字化体育教学成功的关键。高校应提供系统的数字素养培训，帮助教师掌握各种数字化教学工具和方法，提高他们的实践操作能力。对于学生而言，数字化学习环境的适应能力和信息素养的培养同样重要。这包括如何使用数字化工具进行学习、如何筛选和整合网络信息、如何保护个人隐私等。通过全面提升教师和学生的数字化素养，可以确保数字化体育教学的顺利实施，并提高其整体效果。

（五）创新教学模式以适应数字化时代

随着数字化技术的发展，传统的教学模式已经难以满足学生的需求。高校应积极探索和尝试混合式学习、翻转课堂、在线学习社区等新的教学模式。这些模式通过线上线下相结合的方式，为学生提供了更加灵活和多样化的学习体验。例如，翻转课堂模式可以让学生在家中通过观看视频等自学材料预习新知识，而在课堂上则进行深入的讨论和实践操作。这种模式不仅能够提高学生的学习兴趣和参与度，还能有效培养他们的自主学习能力和批判性思维。

（六）大力发展远程教育和在线课程

数字化技术的发展为远程教育和在线课程的开展提供了广阔的空间。高校应充分利用这一优势，开发高质量的在线课程资源，以满足学生多样化的学习需求。这不仅包括传统的录播课程，还可是实时互动的直播课程、具有社交功能的在线学习平台等。同时，加强对远程教育和在线课程的管理和评估也是确保教学质量的关键环节。通过建立完善的评估体系和反馈机制，高校可及时了解学生的学习情况并作出相应的调整和优化。

（七）确保数据安全和隐私保护

在数字化体育教学中，数据安全和隐私保护是必须重视的问题。高校应建立完善的数据保护机制，采用先进的数据加密和访问控制技术来保护学生和教师的数据安全。同时，明确数据使用和管理的责任与义务也是防止数据泄露和滥用的重要措施。这包括制定严格的数据使用政策、建立数据审计机制以及定期对数据进行备份和恢复等。

（八）关注并解决数字化教学的伦理问题

随着数字化技术的广泛应用，必须正视其中可能引发的伦理问题。高校应加强对数字化教学伦理问题的研究和管理，确保技术的应用符合伦理规范。这包括明确知识产权问题、保护学生和教师的隐私权益、关注学生的心理健康等方面。通过制定明确的规章制度和加强宣传教育，共同营造一个健康、和谐的数字化教学环境。

总的来说，数字化体育教学的发展是一个系统工程，需要我们从多个方面入手，建立长效机制、加强交流合作、注重实践与反馈等。通过持续的努力和创新，数字化体育教学将在未来发挥更大的作用，推动高等教育的全面发展。

参考文献

［1］电子科技博物馆. 计算机发展史简介［EB/OL］.（2016 - 06 - 27）［2023 - 03 - 30］. https：//www. museum. uestc. edu. cn/info/1184/2336. htm.

［2］周坤. CCF 中国计算机历史记忆［EB/OL］.（2020 - 06 - 17）［2023 - 03 - 26］. https：//www. ccf. org. cn/Computing_history/Updates/2020 - 06 - 17/706461. shtml.

［3］姚学斌. 计算机通信与网络发展技术探讨［J］. 信息通信, 2012（2）：182.

［4］中国科学院高能物理研究所. 万维网（WWW）诞生记（科学史）［EB/OL］.（2019 - 03 - 12）［2023 - 03 - 20］. https：//www. sohu. com/a/300685528_166433.

［5］张琳, 贾敬敦, 李享, 等. 人工智能创新发展态势及建议［J］. 中国科技资源导刊, 2021, 53（4）：47 - 53, 89.

［6］曾诗钦, 霍如, 黄韬, 等. 区块链技术研究综述：原理、进展与应用［J］. 通信学报, 2020, 41（1）：134 - 151.

［7］王罗汉, 王伟楠. 德国工业 4. 0 十年发展回顾与对中国的启示［J］. 全球科技经济瞭望, 2021, 36（12）：6 - 11.

［8］廖高可, 李庭辉. 人工智能在金融领域的应用研究进展［J］. 经济学动态, 2023（3）：141 - 158.

［9］汤天波, 吴晓隽. 共享经济："互联网＋"下的颠覆性经济模式［J］. 科学发展, 2015（12）：78 - 84.

［10］于成．整合式平台与专业性平台：学术数字出版平台的两种模式［J］．科技与出版，2020（11）：64－70．

［11］祝智庭，胡姣．教育数字化转型的理论框架［J］．中国教育学刊，2022（4）：41－49．

［12］苗逢春，Wayne Holmes，黄荣怀，张慧．AI and Education：guidance for policy-makers［M］．法国：联合国教育、科学及文化组织，2021：1．

［13］王文礼，吴伟伟．面向数字时代重置教育和培训——欧盟《数字教育行动计划（2021－2027）》的要点和启示［J］．中国教育信息化，2022，28（4）：24－33．

［14］US DEPARTMENT OF EDUCATION. 2024 National Educational Technology Plan［EB/OL］．（2024－01）［2024－01］. https：//tech. ed. gov/files/2024/01/NETP24. pdf.

［15］上官剑，李天露．美国 STEM 教育政策文本述评［J］．高等教育研究学报，2015，38（2）：64－72．

［16］王敏．英国《教育技术战略：释放技术在教育中的潜力》探析［J］．世界教育信息，2019，32（17）：21－27．

［17］教育部．教育信息化 2.0 行动计划［EB/OL］．（2018－04－18）［2023－02－25］. http：//www. moe. gov. cn/srcsite/A16/s3342/201804/t20180425_334188. html.

［18］新华社．中国教育现代化 2035［EB/OL］．（2019－02－23）［2023－02－25］. https：//www. gov. cn/zhengce/2019－02/23/content_5367987. htm.

［19］方海光，李海芸．人机协同课堂教学理论与实践研究［J］．中国现代教育装备，2022（4）：1－4．

［20］姜学智，李忠华．国内外虚拟现实技术的研究现状［J］．辽宁工程技术大学学报（自然科学版），2004，23（2）：238－

240.

[21] 吕向博. 轻量化头戴显示器光学系统的研究［D］. 上海：中国科学院上海光学精密机械研究所. 2016.

[22] 江净. 基于数字化资源的课堂教学模式构建［D］. 武汉：华中师范大学, 2012.

[23] 杨启林, 董丽丽. 日本《学校教育信息化推进计划》探析［J］. 世界教育信息, 2023, 36（5）：29－35.

[24] 罗毅, 董丽丽. 教育与研究的智能化转型——韩国《2022年教育信息化实施计划》探析［J］. 世界教育信息, 2022, 35（6）：52－59.

[25] 王靖雯. 2022年富布莱特美国学者访问项目启动［EB/OL］.（2022－02－28）［2023－03－20］. https：//untec. shnu. edu. cn/9b/96/c26039a760726/page. htm.

[26] 张丽娟. "地平线欧洲" 2021－2024年战略计划［J］. 科技中国, 2021（7）：97－99.

[27] 清华大学全球创新学院. 清华大学与麻省理工学院签署微硕士协议［EB/OL］.（2018－11－13）［2023－03－25］. https：//gix. tsinghua. edu. cn/info/1043/1052. htm.

[28] 新华网. 综述：德国 "双元制" 职业教育让学习和实践紧密结合［EB/OL］.（2021－04－23）［2023－03－25］. http：//www. xinhuanet. com/world/2021－04/23/c_1127365362. htm.

[29] 光明日报. 在现实中不断碰撞的通识教育——美国通识教育的发展与挑战［EB/OL］.（2022－10－27）［2023－03－26］. https：//news. gmw. cn/2022－10/27/content_36116800. htm.

[30] 肖笑飞, 周远清. 高等教育改革理念及其实践研究［M］. 北京：清华大学出版社, 2023.1.

[31] 世界慕课与在线教育联盟秘书处. 无限的可能——世界

高等教育数字化发展报告［M］．北京：高等教育出版社，2023．

［32］伍汝杰．王亦洲课题组：人工智能辅助体育教学（AIPE）［EB/OL］．（2020 - 12 - 30）［2023 - 03 - 26］．https：//cfcs. pku. edu. cn/news/239814. htm.

［33］教育部科学技术与信息化司．国家智慧教育平台应用创新案例｜福建省福州市格致中学［EB/OL］．（2023 - 08 - 29）［2023 - 10 - 26］．https：//www. ict. edu. cn/html/special/2023/0829/4299. html.

［34］新华社．中共中央 国务院印发《深化新时代教育评价改革总体方案》［EB/OL］．（2020 - 10 - 13）［2023 - 03 - 25］．http：//www. qstheory. cn/yaowen/2020 - 10/13/c_1126601844. htm.

［35］曹培杰，王阿习．新一代数字技术何以赋能教育评价改革［EB/OL］．（2023 - 10 - 28）［2023 - 11 - 05］．http：//www. moe. gov. cn/jyb_xwfb/moe_2082/2023/2023_zl25/202312/t20231201_1092795. html.